Schlank werden

Schlank werden

Gerichte unter 1000 Kcal

Gondrom

Schlank werden – schlank bleiben

Übergewicht — oder wie es präziser heißen müßte, Fettsucht — entsteht meist nicht durch zu vieles Essen. Man geht inzwischen vielmehr davon aus, daß für diese Erscheinung eine jahrelange falsche Ernährung verantwortlich ist. Und die läßt sich mit einigen Stichworten kennzeichnen: fett- und fleischreich, zuwenig Vollkornprodukte, zu viele leere Kohlenhydrate (Zucker etc.), zuwenig Obst und Gemüse, ein zu geringer Anteil an hochwertigen Lebensmitteln sowie ungesättigten Fettsäuren, zuwenig Rohkost und zuviel Kochkost, ein nicht ausgewogenes Verhältnis der verschiedenen Nahrungsmittel zueinander.
Da der Grund für Übergewicht in der jahrelangen Fehlernährung liegt, kann eine Gewichtsabnahme in der Regel nur langsam erfolgen. Sie gelingt durch eine durchdachte Umstellung auf eine ausgesuchte (vitamin-, nähr- und ballaststoffreiche) sowie kalorienarme Mischkost. Sie muß sich aus möglichst verschiedenen Nahrungsmitteln zusammensetzen.
Mit der Umstellung auf eine kalorienarme Nahrung erfolgt die Gewichtsreduzierung, durch die gleichzeitige Umstellung auf vitalstoffreiche Mischkost werden dabei Mangelzustände vermieden. Die Rezepte dieses Buches sind unter diesem Gesichtspunkt zusammengestellt. Erst durch die Umstellung wird es möglich, langfristig auch das reduzierte Gewicht zu halten. Bewußt essen und gesund leben lautet die Devise, und das heißt auch, die tägliche Nahrungsmenge und damit die Kalorienzufuhr zu begrenzen.
Im ersten Kapitel machen wir auf die versteckten Fette und auf „leere Kalorien“ aufmerksam. Dort geben wir auch Anregungen, wie man sich bei einer bewußt reduzierten Nahrungsaufnahme ausreichend mit lebenswichtigen Vitalstoffen versorgen kann.
Im zweiten Kapitel geht es vornehmlich um Eiweiß, Kohlenhydrate und Fette, um die Träger der Kalorien also. Hier erfahren Sie etwas über die einzelnen Brennwerte dieser Energieträger sowie über ihre ernährungsphysiologische Bedeutung. Welche Fette, Eiweiße und Kohlenhydrate zu bevorzugen sind und in welchem Verhältnis sie bei der täglichen Nahrungsaufnahme stehen müssen, wird ebenfalls untersucht.
Das dritte Kapitel hilft, einen persönlichen Kalorienplan aufzustellen. Er wird Ihnen behilflich sein, zu einem ausgewogenen Verhältnis von Nahrungsbedarf und -aufnahme zu kommen. Im vierten Kapitel schließlich finden sich viele Tips und Hinweise, wie trotz verringerter Kalorienaufnahme die Leistungsfähigkeit gesteigert werden kann.

Bewußt essen, gesund leben

Ernährungswissenschaftler gehen davon aus, daß Übergewicht — korrekt spricht man von Fettstoffwechselstörung — nicht nur durch übermäßiges Essen hervorgerufen wird. Entscheidend ist vielmehr eine jahrelange falsche Ernährung. Der Grund für den Verlust des Idealgewichtes liegt oft in einer unbedachten Zusammenstellung der Nahrung. Ein Übermaß an Fett, zu viele sogenannte „leere Kalorien" und vor allem ein Zuwenig an lebenswichtigen — essentiellen — Inhaltsstoffen (Vitamine, Mineralien, Spurenelemente) sind dafür verantwortlich.

Fett

Das erste Übel ist der unbedachte Fettverbrauch. Viele Menschen kennen nämlich den Fettgehalt zahlreicher Gerichte nicht. Sie wissen nicht, daß in sehr vielen Speisen in starkem Maße unsichtbare Fette vorkommen. Diesen verborgenen Fetten sollte besondere Aufmerksamkeit geschenkt werden.

Leere Kalorien

Der zu hohe Fettkonsum wird in seiner negativen Wirkung durch die Zufuhr sogenannter leerer Kalorien verstärkt. Sie stammen von Nahrungsmitteln, die aus Auszugsmehlen hergestellt sind, und sogenanntem Fabrikzucker, das ist raffinierter weißer Zucker.

Beide Stoffe zeichnen sich durch einen hohen Kaloriengehalt aus, sind dagegen arm an wichtigen Vitalstoffen. Doch gerade die sind für den ungestörten Ablauf der Stoffwechselvorgänge, namentlich des Fettstoffwechsels, unentbehrlich. So werden zum Beispiel vom Getreidekorn, aus dem man Grau- oder Weißmehl gewinnt, bei der Herstellung jene Bestandteile ausgemahlen, die den Vitamin-B-Komplex enthalten. Diese Vitamingruppe ist es jedoch, die den Stoffwechsel von Kohlenhydraten bewirkt.

Gesund essen, bewußt leben

Bei der täglichen Nahrungszusammenstellung sollte der bewußt lebende Verbraucher auf die nachfolgenden Punkte in jedem Fall achten.

Qualität

Der Grad der von Ernährungswissenschaftlern so genannten Naturbelassenheit sowie das Vorhandensein an essentiellen Nährstoffen sind die wichtigsten Kriterien für die Qualität von Lebensmitteln. Bestes Beispiel dafür sind Vollkornprodukte, die gegenüber den Auszugsmehlen erheblich mehr Vitamine, Mineralstoffe und Spurenelemente aufweisen.

Naturbelassenheit

Durch den Verzehr von naturbelassenen Lebensmitteln wird gewährleistet, daß auch solche essentiellen Nährstoffe aufgenommen werden, die bisher von der Wissenschaft noch nicht einmal analysiert wurden. Zwar hat man in der Vergangenheit laufend neue Vitamine, Enzyme und Mineralstoffgruppen gefunden, von denen für Verdauung und Stoffwechsel wichtige Impulse ausgehen. Es wird aber vermutet, daß es noch eine ganze Reihe unbekannter, für die Gesundheit ebenfalls ungemein wichtiger Stoffe gibt. Und gerade sie, darin sind sich führende Lebensmittelforscher inzwischen einig, kommen in naturbelassenen Produkten vor.

Raffinierter Zucker, Mehl, Fett und Öle

Abzuraten ist von Lebensmitteln, die fast ausschließlich Energie liefern, dabei aber arm an lebenswichtigen Vitalstoffen sind. Raffinierter Zucker sollte daher so oft es geht durch Naturhonig oder Ahornsirup ersetzt werden. Auszugsmehle sind zu vermeiden, Vollkornmehle zu bevorzugen. Und bei den Fetten sollte man auf raffinierte Öle und Fette verzichten.

Als günstig gelten naturbelassene, also insbesonders kaltgeschlagene Olivenöle. Besonders wertvoll sind ferner Sonnenblumenöle, Leinöle, Maiskeim- und besonders Distelöle. Diese pflanzlichen Produkte sind allesamt reich an wichtigen ungesättigten Fettsäuren. Sie können nicht vom Körper selbst hergestellt, müssen daher mit der täglichen Nahrung aufgenommen werden.

Obst und Gemüse
Frisches Obst, rohes Gemüse sowie Gerichte, in denen Vollkornprodukte enthalten sind, gehören, wenn man sich vernünftig ernähren will, täglich auf den Speiseplan. Gemüse wird dabei in zwei Gruppen eingeteilt, in oberirdisch und unterirdisch wachsendes. Jede Hauptmahlzeit sollte jeweils zwei Bestandteile aus beiden Kategorien enthalten. Denn die einzelnen Pflanzen verfügen über Wirkstoffe, die nur in der Kombination mit anderen ihre volle Wirkung entfalten. Obst und Gemüse soll dabei häufig auch roh gegessen werden, die enthaltenen Wirkstoffe kommen so am besten zur Geltung. Enthält eine Mahlzeit Gekochtes, wird die Frischkost, die nie fehlen darf, zuerst verzehrt.

Eiweiß
Pflanzliches Eiweiß sowie das tierischer Herkunft in Milch und Milchprodukten ist dem von Fleisch und Fleischwaren vorzuziehen. Um eine einseitige Ernährung zu vermeiden, sollte allerdings nicht vollkommen auf tierisches Eiweiß verzichtet werden. Bis zu zwei Drittel der täglichen Eiweißzufuhr sollten pflanzlicher Herkunft sein.

Auf einen Blick

Fettgehalt ausgewählter Nahrungsmittel

Bei einem Tagesbedarf von 2200 Kalorien sollte der Fettanteil der aufgenommenen Speisen nicht mehr als 70 Gramm ausmachen. Dabei enthalten je 100 Gramm der folgenden Nahrungsmittel an Fett

Schweinefleisch:	25 g Fett
Rindfleisch:	20 g Fett
Kalbfleisch:	6 g Fett
Pferdefleisch:	3 g Fett
Hammelfleisch:	22 g Fett
Heringsfilet:	20 g Fett
Erdnüsse:	48 g Fett
1 Hühnerei:	6 g Fett
Voll.-Joghurt:	4 g Fett
Kefir:	3 g Fett
Eiscreme:	12 g Fett
Bierschinken:	19 g Fett
Fleischwurst:	30 g Fett
Würstchen:	20 g Fett
Blutwurst:	60 g Fett
Zervelatwurst:	41 g Fett
Mettwurst:	50 g Fett
Mortadella:	32 g Fett
Leberwurst:	40 g Fett
Salami:	47 g Fett
Speck, fett:	80 g Fett
Speck, durchw.:	60 g Fett
Gans:	20 g Fett
Wildgeflügel:	3 g Fett
Truthahn:	11 g Fett
Ente :	14 g Fett
Hähnchenbrust:	1 g Fett
Reh:	3 g Fett
Aal:	18 g Fett
Heilbutt:	2 g Fett
Pflanzenöle:	100 g Fett
Butter:	83 g Fett
Margarine:	80 g Fett
Halbfettmargar.:	40 g Fett
Mayonnaise:	80 g Fett
Kartoffel-Chips:	40 g Fett
Vollmilchschokolade:	33 g Fett
Obst, Gemüse:	kein Fett
Ausnahme:	
Avocado:	15 g Fett
Nüsse:	40-60 g Fett

Kalorien und ihre Träger

Der menschliche Organismus benötigt zur Aufrechterhaltung sämtlicher Körperfunktionen vor allem Eiweiß, Kohlenhydrate und Fett als Energieträger. Darüber hinaus sind aber auch die lebenswichtigen Ballaststoffe, Vitamine und Mineralstoffe mit der täglichen Nahrung in ausreichendem Maß aufzunehmen.

Energiebereitstellung
Fett, Kohlenhydrate und Eiweiß sind jene Bestandteile der Nahrung, die durch den Stoffwechsel im Körper in Energie umgewandelt werden. Bei diesem Vorgang handelt es sich um eine Art Verbrennung. Dabei entstehen durch die Beteiligung von Sauerstoff (er wird durch das Blut von der Lunge in die einzelnen Zellen transportiert) Harnstoff, Wasser und Kohlensäure. Die beiden erstgenannten Produkte werden ausgeschieden, die Kohlensäure ausgeatmet. Und wie bei jedem Stoffwechsel entsteht dabei Energie.

Energiearten
70 bis 90 Prozent der durch den Stoffwechsel erzeugten Energie wird als Wärme aus dem Körper abgeleitet. Je nach Konstitution stehen die verbleibenden 10 bis 30 Prozent dem Menschen als Bewegungsenergie zur Verfügung. Zunächst einmal werden damit sämtliche Körperfunktio-

nen aufrechterhalten: Herz, Gehirn, Leber, Nieren und Lunge etwa könnten ohne diese Energie nicht arbeiten. Darüber hinaus wird sie für die Arbeit, in der Freizeit und beim Sport eingesetzt.

Kilokalorien (kcal)
Physikalisch ausgedrückt handelt es sich bei einer Kilokalorie exakt um die Wärmemenge, die benötigt wird, einen Liter Wasser um ein Grad zu erwärmen. Die Ernährungswissenschaft hat diesen Begriff übernommen, und im allgemeinen Sprachgebrauch setzt man Kilokalorie mit Kalorie gleich.
Allerdings gibt es international inzwischen eine andere Bemessungsgrundlage, die auf den englischen Physiker James Prescott Joule zurückgeht. Eine Kalorie beträgt 4,184 Joule; umgekehrt entspricht ein Joule 0,239 Kalorien.

Brennwerte
Ob man nun nach Kalorien oder Joule rechnet, die Brennwerte der mengenmäßig wichtigsten Nahrungsmittelbestandteile Fett, Kohlenhydrat und Eiweiß sind unterschiedlich. So setzt ein Gramm Fett bei der Verbrennung im Körper eine Wärmeenergie frei, die 9,3 Kalorien entspricht. In Joule ausgedrückt erhält man die Zahl 39. Die Brennwerte von Kohlenhydraten und Eiweiß liegen weit tiefer. So liefern beide Nährstoffe jeweils exakt 4,1 Kalorien, was 17 Joule entspricht.

Eiweiß
Eiweiß dient dem Aufbau von Muskeln sowie der körpereigenen Herstellung von Hormonen und Enzymen. Die tägliche Nahrungsaufnahme soll zu 15 bis 20 Prozent aus Eiweiß bestehen. Chemisch gesehen setzen sich die verschiedenen pflanzlichen und tierischen Eiweißarten aus zahlreichen Bausteinen, den sogenannten Aminosäuren, zusammen. Gut 15 dieser Bausteine sind unentbehrlich für den menschlichen Organismus. Sie sollten alle mit der täglichen Nahrung aufgenommen werden, um Mangelerscheinungen vorzubeugen.
Eiweiß ist der wichtigste aller Nährstoffe und weder durch Kohlenhydrate noch durch Fett zu ersetzen. Er ist in jeder lebenden Zelle enthalten und bildet mithin die Grundlage für das Leben. Deshalb wird Eiweiß auch Protein genannt. „Protos“ ist ein griechisches Wort und bedeutet „der Erste“.

Eiweißbedarf
Aufgrund des starken Zellenwachstums liegt der Proteinbedarf bei Kindern und Jugendlichen etwas höher als bei Erwachsenen. Für einen Säugling rechnet man rund 2,5 Gramm Eiweiß pro Kilogramm Körpergewicht am Tag. Der tägliche Bedarf von Kindern im Alter von 1 bis 7 Jahren schätzt man auf 2,2 Gramm pro Kilogramm und Tag, bei Jugendlichen zwischen 1,0 und 1,5 Gramm. Erwachsene sollen täglich

0,9 Gramm Protein je Kilogramm Körpergewicht mit der Nahrung aufnehmen, davon etwa 30 bis 40 Prozent tierischen Ursprungs. Bei älteren Menschen wiederum steigt der Eiweißbedarf etwas an, er wird mit mindestens einem Gramm je Kilogramm Körpergewicht veranschlagt.

Eiweißquellen
Eiweiß ist besonders in Fleisch, Fisch und Milch, aber auch in pflanzlichen Nahrungsmitteln enthalten. Zwar gilt das Eiweiß von Milch und Milchprodukten als hochwertig. Diese Tatsache ist jedoch nicht auf alle Eiweiße tierischer Herkunft zu übertragen. Von Nachteil sind die Eiweiße von Fleisch aufgrund der Kombination mit mehr oder minder hohen Fettanteilen. Fisch dagegen ist in der Regel eiweißreich und zugleich fettarm. Hefe-, Ölsamen-, Leinsamen- und Mohnsameneiweiß gilt ebenfalls als sehr hochwertig.

Fett
Der Anteil des Fettes — die Summe pflanzlicher und tierischer Fette — bei der täglichen Nahrungsaufnahme soll nicht mehr als 25 bis 30 Prozent betragen. Fett erfüllt vor allem zwei Aufgaben: Zunächst dient es als Energiespender und Lieferant für wesentliche Prozesse des Stoffwechsels. Sodann ist es Träger fettlöslicher Wirkstoffe, vor allem der fettlöslichen Vitamine. Dabei gilt eine Faustregel: Alle festen und daher mehr oder weniger gesättigten Fette tierischer wie pflanzlicher Herkunft setzen sich im Körper schwer um und werden bevorzugt im Fettgewebe gespeichert. Feste Fette sollten daher nur in geringem Maße verwendet und durch ungesättigte, besser noch durch mehrfach ungesättigte ergänzt werden. Vor allem die mehrfach ungesättigten (essentiellen) Fettsäuren (z.B. Linol- und Linolensäure) kann der Körper selbst nicht herstellen.

Fettgruppen
Aufgrund der Fettsäurezusammensetzung unterscheidet man vier Fettgruppen.
— Butter, Schmalz, Kokosfett und Talg weisen einen hohen Anteil gesättigter Fettsäuren auf.
— Olivenöl und ausgesuchte pflanzliche Produkte wie das Erdnußöl haben einen hohen Anteil einfach ungesättigter Fettsäuren.
— Sonnenblumenöl, Sojaöl, Maiskeimöl und etliche weitere Pflanzenöle zeichnen sich durch einen hohen Gehalt der zweifach ungesättigten Linolsäure aus.
— Reich an stark ungesättigten sogenannten Polysäuren — sie stammen zumeist aus der Familie der Linolensäure — sind Fischöle sowie das hochwertige Leinöl.

Kohlenhydrate
Kohlenhydrate, als Quelle der menschlichen Muskelkraft geltend, sollten einen Anteil von etwa 50 bis 53 Prozent an der täglichen Nahrung haben.

Je nach ihrem Aufbau unterscheidet man hier Monosaccharide (Einfachzucker), Disaccharide (Zweifachzucker) und Polysaccharide (Vielfachzucker).

Einfachzucker
Der Einfachzucker, auch Glukose, Dextrose oder Traubenzucker genannt, ist, aus frischem Obst bezogen, besonders wertvoll. Er kommt auch in Gemüsen und im Honig vor. Einfachzucker wird vom Darm gleich an den Blutkreislauf weitergegeben und steht dem menschlichen Organismus sofort als „Betriebsstoff" zur Verfügung.

Zweifachzucker
Zweifachzucker sind Verbindungen aus zwei Zuckermolekülen. Dazu gehören Rohr- oder Rübenzucker, ferner Maltose aus Getreide sowie auch Milchzucker, die Laktose. Die Energie aus zweifachzuckerhaltigen Nahrungsmitteln — Milch und Getreide etwa — steht dem Körper ebenfalls schnell zur Verfügung.

Vielfachzucker
Hierbei handelt es sich um Stärke, die „Speicherform" der Kohlenhydrate. Sie kommt in Reis, Getreide und Kartoffeln in großen Mengen vor. Rohe Stärke ist vielfach für den Menschen schwer verdaulich und muß daher erst durch Kochen oder Quellen für die Verarbeitung in Magen und Darm vorbereitet werden. Bei der Aufnahme von Stärke wird die Energieerzeugung auf mehrere Organe verteilt. Der Körper deponiert dieses nur langsam abbaubare Potential zunächst in den sogenannten Glykogenspeichern von Muskeln und Leber. Deren Aufnahmekapazität jedoch ist im Gegensatz zu den Fettspeichern gering. Sind die Glykogendepots gefüllt, so baut der menschliche Organismus jene Energien, die dort nicht mehr Platz finden, in einem komplizierten biochemischen Verfahren in Fett um.

Isolierte Kohlenhydrate
Kohlenhydrate sind in den naturbelassenen Lebensmitteln stets mit lebenswichtigen Nährstoffen kombiniert. Bei den isolierten Kohlenhydraten, wie sie in weißem Zucker und Weißmehl auftreten, fehlen diese wichtigen Stoffe. Man spricht daher auch von „leeren Kalorien". Sie spenden zwar Energie, liefern aber kaum für den Stoffwechsel wichtige Bausteine. Und da die allgemeine Energiezufuhr durch die heutigen Essensgewohnheiten ohnehin bereits zu hoch liegt, sollte möglichst auf „leere Kalorien" verzichtet werden.

Zellulosen (Ballaststoffe)
Die meisten pflanzlichen Nahrungsmittel enthalten Zellulosen als „Gerüst- und Füllmaterial" der Kohlenhydrate. Dieser Faserstoff ist reichlich in Wurzeln, Hülsenfrüchten und Gemüsen enthalten. Zellulosen sind besonders wichtig für die Tätigkeit des Darmes. Außerdem ver-

mögen sie Stoffwechselschlacken zu binden und sind insofern für die innere Reinigung unabdinglich.

Mineralstoffe
Chlor, Calcium, Eisen, Kalium, Magnesium, Natrium, Phosphor und Schwefel sind die wichtigsten Mineralstoffe. Sie dienen zum Aufbau des Gewebes und der Knochenbildung. Ihre Beteiligung am Stoffwechsel, vor allem an dessen Entgiftung, macht sie unentbehrlich. Einheimische und ausländische Früchte, Wurzeln, Salate und Gemüse sind reich an Mineralsalzen.

Vitamine
Hierbei handelt es sich um organische Verbindungen, die dem Körper mit der Nahrung zugeführt werden müssen. Der Organismus kann sie nicht oder nur im geringen Umfang im eigenen Stoffwechsel erzeugen.
Sind in der Nahrung zu wenig Vitamine enthalten, entstehen Stoffwechselkrankheiten. Der regelmäßige Verzehr von frischem Obst und Gemüse schützt vor Mangelerscheinungen. Da Fisch und Fleisch gleichfalls als Vitaminspender in Betracht kommen, ist eine möglichst vielseitige Ernährung anzuraten.
Gleichwohl bleibt festzustellen, daß in pflanzlichen Nahrungsmitteln Vitamine umfangreicher vorhanden sind, ihnen daher bei der Zubereitung der täglichen Nahrung Vorrang eingeräumt werden sollte.

Auf einen Blick

Optimale Zusammensetzung der täglichen Nahrung

15-20 Prozent Eiweiß
25-30 Prozent Fett
50-55 Prozent Kohlenhydrate

Darauf sollten Sie achten:
— Ein Gramm Fett versorgt den Körper mit mehr als doppelt soviel Energie wie ein Gramm Eiweiß oder Kohlenhydrat.
— Auf eine regelmäßige Fettzufuhr darf jedoch nicht verzichtet werden; vor allem die an essentiellen Fettsäuren reichen Fette gehören unbedingt zur täglichen Nahrung, der Körper kann sie nicht selbst herstellen.
— Das Spektrum der Nahrungsmittel, aus denen der Mensch sich versorgt, muß breit gefächert sein; nur so ist eine ausgewogene Zufuhr wichtiger Vitamine, Mineral- und Ballaststoffe gewährleistet.
— Fette mit gesättigten Fettsäuren sparsam verwenden, gerade sie werden bevorzugt im Fettgewebe gespeichert.
— Nur eine Mischung aus Einfach- und Mehrfachzucker sichert eine ausgewogene Energiezufuhr, so daß die Fettreserven nicht unnötig anschwellen.
— Isolierte Kohlenhydrate möglichst meiden, sie ermangeln wichtiger Zusatzstoffe.

Der persönliche Kalorienplan

Jeder Mensch benötigt täglich eine bestimmte Menge Energie, um den Anforderungen des Berufs, der Familie usw. gerecht zu werden. Zuwenig Energie vermindert die Leistungsfähigkeit, eine zu hohe Energiezufuhr führt zu Übergewicht. Der tägliche Energiebedarf jedes einzelnen ist unterschiedlich. Mehrere Faktoren müssen bei der Bedarfsermittlung berücksichtigt werden.

Grundumsatz
Jene Energie, die der Körper verbraucht, wenn er keine Arbeit verrichtet, wird Grundumsatz genannt. Er ist im wesentlichen abhängig von Alter, Geschlecht, Körpergewicht und Größe (vergl. Tabelle 1). Zudem wird er durch besondere Umstände beeinflußt. Dazu zählen beispielsweise das Klima und die jeweilige Höhenlage. Individuell erhöht sich der Grundumsatz während Wachstum und Schwangerschaft, bei Stoffwechselproblemen, Verletzungen, Infektionen oder durch die Einnahme von Medikamenten.
Der Grundumsatz dient allein dem Leben der Zellen. Er erhält Körperfunktionen wie Kreislauf, Atmung und Gehirntätigkeit aufrecht. Die inneren Organe werden mit Energie versorgt; Leber, Nieren u.a. Organe arbeiten auch während der Ruhephase.

Arbeitsumsatz
Im Gegensatz zum Grundumsatz wird der Energieumsatz der Muskeln als Arbeits- oder Leistungsumsatz bezeichnet. Jede über die Aufrechterhaltung der grundlegenden Körperfunktionen hinausgehende Aktivität gehört dazu.
Der Energiebedarf für die tägliche Arbeit sowie für Aktivitäten in der Freizeit und beim Sport hängt dabei sehr stark von der individuellen Veranlagung ab. Auch hier ist die körperliche Veranlagung von Bedeutung. Ein von Natur aus Schwergewichtiger (schwerer Knochenbau) benötigt allein für das Gehen mehr Kalorien als ein leichtgebauter Zeitgenosse. Entscheidender aber als der Körperbau sind für den Energieumsatz bei Arbeit, Freizeit und Sport Faktoren wie Geschicklichkeit und Übung, Trainingsstand und Kondition. Unter dieser Voraussetzung geben die Tabellen 2, 3 und 4 Durchschnittswerte wieder.

Persönlicher Kalorienbedarf
Mit Hilfe der Tabellen läßt sich überschlägig errechnen, wie viele Kalorien man täglich benötigt, um den doch recht unterschiedlichen Anforderungen in Beruf und Freizeit gerecht werden zu können.
Für den Alltag — normale Gesundheit, durchschnittliche Freizeitaktivitäten (kein Hochleistungssport) vorausgesetzt — kommt man dabei zunächst auch ohne Computeranalyse, wie sie heute vielfach angeboten wird, aus.

Kalorienplan
Man notiert sich die wesentlichen persönlichen Faktoren, die für den Grundumsatz entscheidend sind. Zu der ermittelten Zahl rechnet man den Wert für den Energieumsatz bei der täglichen Arbeit hinzu. Tabelle 2 hilft dabei; man ordnet seine Arbeit in die angegebenen Tätigkeiten — sie entsprechen den Kategorien leichte, mittlere und schwere Belastung — ein. Zu der Summe aus Grund- und berufsbedingtem Arbeitsumsatz rechnet man den täglichen Anteil für die durchschnittlichen wöchentlichen Belastungen, die aus der Freizeitaktivität herrühren, überschlägig hinzu. Beim Vergleich mit den — ebenfalls überschlägig errechneten — tatsächlich aufgenommenen Kalorien läßt sich leicht feststellen, daß die tägliche Kalorienzufuhr in der Regel zu hoch liegt. Umgekehrt bekommt man ein Bild davon, mit welchen der im Rezeptteil angegebenen Gerichte man seinen täglichen Nahrungsbedarf decken kann.

Gewichtsverringerung
Wer über zu viel Gewicht verfügt, sollte selbst bei hohen körperlichen Belastungen den normalen Portionen treu bleiben. Denn jede Abweichung (nach oben) von den bisherigen Essensgewohnheiten, jede Zugabe, die man sich aufgrund der Mehrbelastung „gönnt“, verhindert, daß der Organismus die gespeicherten Fette abbaut. Der Körper bedient sich auch bei zusätzli-

Tabelle 1a

Durchschnittlicher Grundumsatz in 24 Stunden bei 30jährigen Männern

Größe cm		Körpergewicht in kg 50	60	70	80
160	kcal	1.350	1.490	1.620	1.760
	kJ	5.670	6.250	6.830	7.410
170	kcal	1.400	1.540	1.670	1.810
	kJ	5.880	6.460	7.040	7.620
180	kcal	1.450	1.590	1.720	1.860
	kJ	6.090	6.670	7.250	7.830
190	kcal	1.500	1.640	1.770	1.910
	kJ	6.300	6.880	7.460	8.040

Tabelle 1b

Durchschnittlicher Grundumsatz in 24 Stunden bei 30jährigen Frauen

Größe cm		Körpergewicht in kg 50	60	70	80
150	kcal	1.270	1.360	1.460	1.550
	kJ	5.330	5.730	6.140	6.530
160	kcal	1.280	1.380	1.480	1.570
	kJ	5.410	5.810	6.210	6.610
170	kcal	1.300	1.400	1.490	1.590
	kJ	5.480	5.890	6.290	6.690
180	kcal	1.320	1.420	1.510	1.610
	kJ	5.560	5.970	6.370	6.770

cher Beanspruchung in der Freizeit über längere Zeit erst einmal aus den Kohlenhydratreserven der Muskeln. Erst wenn sie zur Neige gehen, baut er vorhandenes Fett mit Hilfe komplizierter biochemischer Stoffwechselprozesse wieder zu Muskelglykogen um — greift also dann erst die Fettreserven an.

Diesen Prozeß gilt es auszunutzen, um das Gewicht zu verringern. Dabei kommt es darauf an, die Mehrbelastung langsam zu steigern. Der Körper wird bei einer allmählichen Leistungssteigerung in der Freizeit dazu veranlaßt, die nötige Energie aus den Fettreserven abzubauen. Die Prozedur verlangt indes Sorgfalt: man darf dem Körper durch Gymnastik, Laufen usw. jeweils nur stufenweise mehr abverlangen und sollte möglichst vorher einen Arzt konsultieren.

Tabelle 2

Durchschnittlicher Energiebedarf bei unterschiedlicher körperlicher Tätigkeit				
Tätigkeit	Mann (65 kg)		Frau (55 kg)	
	kcal	kJ	kcal	kJ
leichte Büroarbeit	2.700	11.280	2.000	8.360
Verkäuferin	3.000	12.540	2.200	9.190
Holzfäller	4.000	16.720	3.000	12.540
davon Grundumsatz	1.500	6.270	1.300	5.4304

Tabelle 3

Zusammenstellung des durchschnittlichen Arbeitsumsatzes bei ausgewählten Tätigkeiten je Minute (ohne Grundumsatz)		
Tätigkeit	kcal/min.	kJ/min.
Ankleiden (einschl. waschen und rasieren)	3,6	15,1
Sitzende Bürotätigkeit	1,7	7,2
Bürotätigkeit	1,5	6,3
Tapezieren	3,1	13,0
Gehen	2,8	11,8
Gehen mit 5 kg Last	3,0	12,6
Bergauf gehen	7,3	30,7
Bergab gehen	4,0	16,8
Bügeln	1,4	5,9
Schuhe putzen	1,4	5,9
Teppiche heben	2,5	10,5
Kochen, abwaschen, putzen	2,5	10,5
Betten machen	4,1	17,2
Wäsche einsprengen	2,2	9,2
Staub wischen	3,4	14,2
Fenster putzen	3,9	16,3
Staubsaugen	3,2	13,4
Hack- und Schaufelarbeit	8,6	36,0
Gartenarbeit	5,0	20,9
Holzschneiden	5,6	23,4

Tabelle 4

Durchschnittlicher Leistungsumsatz beim Sport (ohne Grundumsatz)		
Tätigkeit	kcal/min	kJ/min
Laufen, schnell	11	46
Hochsprung	4,1—6,5	17—27
Weitsprung	15,5—22,9	65—96
Kugelstoßen	4,9	20,0
Speerwurf	3,7—6,1	15,5—25,5
Gymnastik	6—17	25—71
Geräteturnen (Frauen)		
Schwebebalken	5,3—8,5	22—35,5
Barren	5,9—11,5	25—47
Pferd	6,7—11,7	28—49
Tischtennis	4,4—6,2	18,5—26
Volleyball	5,4—9,2	22,5—38,5
Korbball		
Männer	13,4—19	56—79,5
Junioren	9,4—13,8	39—57,5
Fußball	11,3—14,9	47—62
Eishockey	16,6—28,3	69,5—118,5
Radfahren	7	29
Schlittschuhlaufen	6,2—10,4	26—43,5
Skilaufen	8,3—18,2	34,4—76
Schwimmen		
Brust	4,5—11,3	19—47
Rücken	5—11	20—46
Rudern	3,1—10,4	13—45
Kanufahren	8,3	35
Paddeln	2,3—6,8	9—28
Tanzen		
Foxtrott	5,2	22
Wiener Walzer	5,7	24
Rumba	7	30
Tennis		
Einzel	10—11	42—46
Doppel	7—8	29—33,5

Tips für den Kalorienbewußten

— Ermitteln Sie Ihren persönlichen Kalorienbedarf aus der Summe von Grundumsatz, Arbeitsumsatz und Freizeitumsatz.
— Stellen Sie sich mit Hilfe des folgenden Rezeptteiles täglich Mahlzeiten zusammen, deren Kaloriengehalt dem Ihres Bedarfs entspricht.
— Wenn Sie abnehmen wollen, empfiehlt es sich, die Ernährung über längere Zeit auf ein Maß zu beschränken, das geringfügig unterhalb des Kalorienbedarfs bleibt.
— Nicht der kurzfristige Erfolg zählt, die langfristige Umstellung auf ein ausgewogenes Verhältnis von Nahrungsaufnahme und -bedarf ist nach einer Gewichtsabnahme entscheidend.
— Prägen Sie sich nach und nach den Kaloriengehalt einzelner Nahrungsmittel ein — achten Sie dabei besonders auf den Fettgehalt.
— Stellen Sie sich täglich eine Nahrung zusammen, die zu etwa 20 Prozent aus Eiweiß, 25 Prozent aus Fett und 55 Prozent aus Kohlenhydraten besteht.
— Machen Sie sich ständig die Aufgaben von Eiweiß, Fett und Kohlenhydraten bewußt.
— Kaufen Sie überlegt ein, möglichst mit einer präzisen Einkaufsliste.
— Achten Sie beim Einkauf auf Lebensmittel, die reich an

essentiellen Fettsäuren und arm an „leeren“ Kalorien sind.
— Berücksichtigen Sie Lebensmittel, die in den Kapiteln 1 bis 3 als hochwertig klassifiziert wurden.
— Achten Sie auf einen möglichst hohen Anteil von Frischkost — mindestens 10 Prozent — bei der Nahrungszusammenstellung.
— Frischkost versorgt den Körper mit all jenen Vitaminen, Näh- und Vitalstoffen, die einen optimalen Stoffwechsel der aufgenommenen Kalorien ermöglichen.
— Kaufen Sie nicht zu sehr auf Vorrat ein, Vitalstoffe gehen bei längerem Lagern verloren.
— Ein zu großer Lebensmittelvorrat verleitet leicht dazu, mehr Kalorien als gewünscht zu sich zu nehmen.
— Die Verwendung von Vollkorn- und Milchprodukten, Obst, Gemüse, Nüssen, Salaten, geriebenen Knollen und Wurzeln, Südfrüchten und kaltgeschlagenen (kaltgepreßten) Pflanzenölen sichert eine ausgewogen kalorienarme Ernährung.
— Leistungsfähigkeit und ausreichende Kalorienversorgung bleiben auch an Tagen, an denen nur Rohkost verzehrt wird, gewährleistet; Fleisch, Fisch und Eier müssen nicht täglich auf dem Speisezettel stehen.
— Vermeiden Sie eine Nahrung, die vorwiegend aus Kochkost, Fleisch, festen Pflanzen- und Tierfetten, Konserven, Weißmehl, weißem Zucker zusammengestellt ist.
— Variieren Sie ruhig, was den Zeitpunkt der Nahrungsaufnahme anlangt: Die im Rezeptteil angegebenen Vorschläge für Mittag- und Abendessen oder Frühstück und Zwischenmahlzeit können ohne Bedenken ausgetauscht werden.
— Wichtig ist, daß die Bilanz der täglichen Nahrungsaufnahme unter dem Strich im Verhältnis zum Bedarf ausgewogen bleibt, daß möglichst aus einem breiten Nahrungsmittelspektrum geschöpft wird.
— Kalorientabellen und vorgegebene Ernährungssysteme sollten bald nach der Ermittlung der persönlichen Daten über Bedarf und tägliche Kalorienzufuhr in den Hintergrund treten; wichtig sind letztlich das persönliche Wohlbefinden sowie die individuell empfundene Leistungsfähigkeit.
— Nehmen Sie sich stets Zeit zum Essen, Hektik und Streß beeinflussen die Stoffwechselvorgänge negativ. Nur wer sich Zeit läßt, kaut und verdaut die Nahrung so, daß der Körper nicht unfreundlich reagiert.
— Nehmen Sie möglichst vier bis fünf kleinere Mahlzeiten täglich zu sich, die Organe des Körpers verarbeiten die Nahrung auf diese Weise optimal.
— Denken Sie beim Essen auch an eine ausreichende Flüssigkeitszufuhr.
— Getränke sind nötig, um den Abtransport der bei den Stoffwechselvorgängen anfallenden Rückstände zu gewährleisten.

Kalorienkontrolle leichtgemacht

Wer ein Vollkornfrühstück (Seite 36, oben) zu sich nimmt, sich als Zwischenmahlzeit Kekse mit Ananas (Seite 38) gönnt, zu Mittag Bratreis nach chinesischer Art ißt (Seite 60) und den Tag mit einem leckeren Gemüsespieß (Seite 50) abrundet, nimmt gerade 955 Kalorien auf. Um auf eine Gesamtzufuhr von gut 1300 Kalorien zu kommen — so viel benötigt etwa eine 35 Jahre alte Frau von 1,70 m Größe und 70 Kilogramm Gewicht an Tagen, an denen sie nicht arbeitet und keinen Sport treibt — ist dann noch Platz für Rhabarbergrütze (Seite 86), als Dessert zum Abendessen genossen.

Das aufgeführte Beispiel zeigt, wie man anhand dieses kleinen Büchleins schmackhaft und abwechslungsreich genießen kann, ohne sich dabei ein Zuviel an Kalorien zuzumuten.

Wie in den vorangegangenen Kapiteln angeregt, stellt man seinen persönlichen Tagesbedarf an Kalorien in Abhängigkeit der einzelnen Faktoren (Größe, Gewicht, Alter, Arbeit, Freizeitverhalten, Sport etc.) fest und sucht sich aus den angegebenen Rezepten das heraus, wonach es einen verlangt.

pro Portion	Gericht	Seite
	Frühstück und Zwischenmahlzeit	
60 kcal/250 kJ	Himbeer-Flakes	38
120 kcal/500 kJ	Hackfleisch-Häppchen	78
125 kcal/520 kJ	Fruchtiges Frühstück	38
150 kcal/630 kJ	Hühnerbrühe mit Grießklößchen	72
182 kcal/760 kJ	Kekse mit Ananas	38
190 kcal/790 kJ	Brandteigklößchen in Bouillon	72
190 kcal/790 kJ	Salbeimäuse mit Avocado-Dip	78
190 kcal/790 kJ	Tomatensuppe	70
200 kcal/840 kJ	Vollkornfrühstück	36
210 kcal/880 kJ	Raffinierter Spargel-Melonen-Cocktail	76
210 kcal/880 kJ	Salatbrot	38
240 kcal/1000 kJ	Pikantes Quarkbrot	40
245 kcal/1020 kJ	Weizensalat „Orange“	74
250 kcal/1050 kJ	Roggenbrötchen halb und halb	40
250 kcal/1050 kJ	Salbeimäuse mit Avocado-Dip	78
270 kcal/1130 kJ	Käse-Rührei	38
300 kcal/1250 kJ	Leichtes Frühstück	40
308 kcal/1290 kJ	Linsensalat in Tomate	74
312 kcal/1310 kJ	Apfel-Himbeer-Müsli	40
350 kcal/1460 kJ	Vollkorn-Frühstück	36
365 kcal/1530 kJ	Bean-fruit-Salat	76
367 kcal/1540 kJ	Beefburger-Karree	76
422 kcal/1770 kJ	Müsli-Frühstückskuchen	41

pro Portion	Gericht	Seite
	Hauptgerichte und Abendessen	
45 kcal/190 kJ	Wirsingrollen mit Tomatensauce	54
130 kcal/540 kJ	Karottensalat	62
158 kcal/660 kJ	Gemüsespieß	50
215 kcal/900 kJ	Krebsragout mit jungem Gemüse	62
238 kcal/990 kJ	Spargel mit Käseschaum	62
245 kcal/1020 kJ	Broccoli-Salat mit geröstetem Sesam	68
258 kcal/1080 kJ	Camembert-Toast mit Fruchtcocktail	58
265 kcal/1110 kJ	Gefüllte Schmortomaten	50
266 kcal/1120 kJ	Champignon-Gratin mit Erbsen	63
274 kcal/1150 kJ	Fleischtomaten mit Kräuter-Bröseln	58
301 kcal/1260 kJ	Salat mit Käsekugeln	68
325 kcal/1360 kJ	Geflügelsalat mit Sesam	64
327 kcal/1370 kJ	Krabbensalat mit Toastbrot	60
330 kcal/1380 kJ	Gulaschsuppentopf schwäbische Art	50
330 kcal/1380 kJ	Käse-Wurst-Salat	69
333 kcal/1390 kJ	Gefüllter Kräuterpfannkuchen	58
350 kcal/1460 kJ	Überbackene Zucchini	54
350 kcal/1460 kJ	Apfel-Kiwi-Leber mit Majoran	60
350 kcal/1460 kJ	Rindermedaillons mit Kiwi-Pfeffer-Sauce	46
360 kcal/1510 kJ	Pikante Bratwurstpfanne süß-sauer	48
370 kcal/1550 kJ	Kiwi-Puten-Curry mit Reis	64
399 kcal/1670 kJ	Fischfrikassee mit Reissockel	44
400 kcal/1670 kJ	Gedünstetes Fischfilet mit Gemüsestreifen	42
400 kcal/1670 kJ	Putensteaks mit Aprikosen und Pfeffer	48
415 kcal/1740 kJ	Austernpilzpfanne mit Knödeln und Salat	44
415 kcal/1740 kJ	Bratreis nach chinesischer Art	60
450 kcal/1880 kJ	Reissalat mit Putenbrust	66
455 kcal/1900 kJ	Geflügelbrust mit Gurkengemüse und Reis	46
460 kcal/1920 kJ	Garnierter Spieß mit Bratkartoffeln	52
480 kcal/2010 kJ	Schupfnudeln	56
485 kcal/2030 kJ	Bouillon mit Ei, Kabeljau in Chinakohl	52
700 kcal/2930 kJ	Hähnchenfilets auf Blattspinat	66
	Getränke	
30 kcal/130 kJ	Anisette	84
45 kcal/190 kJ	Zitronensorbet-Prickler	82
50 kcal/210 kJ	Kefir-Kräuter-Drink	82
50 kcal/210 kJ	Kiwi-Mint	84
50 kcal/210 kJ	Rosa Radies	84
55 kcal/230 kJ	Kiwi-Orangen-Cooler	82
60 kcal/250 kJ	Karotten-Mix	82
65 kcal/270 kJ	Erdbeer-Refresher	80
70 kcal/290 kJ	Sanddorn-Cocktail	80
	Desserts/Gebäck	
150 kcal/630 kJ	Kartoffelkuchen	92
190 kcal/790 kJ	Erdbeer-Joghurt-Torte	88
246 kcal/1030 kJ	Reistörtchen	94
284 kcal/1190 kJ	Hirsekuchen	90
310 kcal/1300 kJ	Mandarinencreme im Körbchen	88
360 kcal/1510 kJ	Rhabarbergrütze	86
391 kcal/1630 kJ	Waffeln mit Mokkaquark	92

Energieträger in ausgewählten Nahrungsmitteln

Die Rezepte dieses Buches enthalten jeweils weniger als 1000 Kalorien. Je nach Lust und Laune stellt man sich täglich wechselnde Gerichte aus diesem Fundus zusammen. Doch auf selbstgewählte Ergänzungen zu diesen Speisen braucht nicht verzichtet zu werden. Wer etwa zu einem Reisgericht gerne eine bestimmte Frucht oder ein Gemüse verzehren möchte, braucht dennoch in bezug auf den Kalorienverbrauch nicht unsicher zu werden. Die nachfolgende Tabelle hilft zunächst, ein ausgewogenes Verhältnis von Kohlenhydraten, Eiweißen und Fetten zusammenzustellen. Außerdem gibt sie einen Überblick über die Kaloriengehalte von wichtigen Lebensmitteln, mit denen die angegebenen Rezepte noch variiert werden können.

In 100 g eßbarem Anteil sind durchschnittlich enthalten:

Lebensmittel	Eiweiß (g)	Kohlenhydrate (g)	Fett (g)
Milch, Milchprodukte und Eier			
Milch, 3,5% Fett	3,3	4,7	3,6
Joghurt, 3,5% Fett	3,9	4,6	3,8
Joghurt, 3,5% Fett mit Früchten, gez.	3,9	15,0	3,0
Dickmilch mit Früchten, mit Süßstoff	3,5	6,0	1,3
Buttermilch	3,5	4,0	0,5
Sahne, süß, 30% Fett	2,4	3,4	31,7
Sahne, sauer, 10% Fett	3,0	4,0	10,0
Edamer, 30% F.i.Tr.	26,4	—	16,2
Camembert, 30% F.i.Tr.	21,9	—	13,2
Harzer, Korbkäse, unter 10% F.i.Tr.	29,0	—	2,0
Speisequark, mager	13,5	4,1	0,3
Hühnerei	12,9	0,7	11,2
Fette und Öle			
Butter	0,7	0,7	83,2
Halbfettmargarine	0,6	0,5	39,6
Maiskeimöl	—	—	99,9
Olivenöl	—	—	99,6
Sonnenblumenöl	—	—	99,9
Fleisch, Geflügel, Wild			
Kalbfleisch, Kotelett	21,1	—	3,1
Kalbfleisch, Schnitzel	20,7	—	1,8
Rindfleisch, Filet	19,2	—	4,4
Rindfleisch, Roastbeef	20,6	—	10,2
Tatar	21,2	—	3,7
Schweinefleisch, Filet	18,6	—	9,9
Truthahn, Brust	24,1	—	1,0
Ente	18,1	—	17,2
Gans	15,7	—	31,0
Huhn, Brust	22,8	—	0,9
Suppenhuhn	18,5	—	20,3
Hase	21,6	—	3,0

Lebensmittel	**Eiweiß (g)**	**Kohlenhydrate (g)**	**Fett (g)**
Hammel- und Lammfleisch			
Filet	20,4	—	3,4
Fleisch- und Wurstwaren			
Schinken, gekocht	19,5	—	20,6
Bierschinken	15,5	—	19,2
Cervelatwurst	16,9	—	43,2
Fleischwurst	11,0	—	30,0
Truthahn-Bierschinken	16,3	—	8,3
Kalbsbratwurst	10,3	—	31,4
Fisch und Fischwaren			
Heilbutt	20,1	—	2,3
Seelachs	18,3	—	0,8
Schellfisch	17,9	—	0,1
Scholle	17,1	—	0,8
Seezunge	17,5	—	1,4
Forelle	19,5	—	2,7
Aal, Flußaal	15,0	—	24,5
Garnele	16,8	—	1,4
Heringsfilet in Tomatensoße	14,8	—	15,0
Getreide und Getreideerzeugnisse			
Haferflocken (Vollkorn)	13,5	66,4	7,0
Naturreis	7,4	75,4	2,2
Reis, poliert	7,0	78,4	0,6
Cornflakes	7,7	82,5	0,6
Weizenkeime	26,6	46,0	9,2
Roggenvollkornbrot	7,3	46,4	1,2
Brötchen	9,0	51,0	1,9
Weißbrot	8,2	50,1	1,2
Knäckebrot	10,1	77,2	1,4
Pumpernickel	6,8	49,4	0,9
Teigwaren			
Spaghetti, eifrei (ital. Teigwaren)	12,5	75,2	1,2
Vollkornnudeln	15,0	64,0	3,0
Gemüse			
Kartoffeln	2,1	18,5	0,1
Möhren	1,0	8,7	0,2
Kohlrabi	1,9	4,4	0,1
Porree, Lauch	2,2	6,3	0,3
Rettich	1,0	3,9	0,2
Radieschen	1,0	3,5	0,1
Rote Rüben	1,5	7,6	0,1
Knollensellerie	1,6	7,4	0,3
Spargel	1,9	2,9	0,1
Zwiebel	1,3	9,6	0,3
Bleichsellerie	1,2	3,6	0,2
Obst			
Mirabellen	0,7	15,5	0,2
Pfirsiche	0,8	10,5	0,1
Pflaumen	0,6	14,5	0,2
Brombeeren	1,2	8,6	1,0
Erdbeeren	0,8	7,5	0,4
Johannisbeersaft, schwarz	o,4	13,0	Spuren
Traubensaft	0,2	17,6	—
Apfelsinensaft, frisch	0,7	10,6	0,2

Vollkorn-Frühstück

350 kcal/1460 kJ

1 kleine Karotte
½ Zucchino
1 TL Zitronensaft
Salz
weißer Pfeffer
1 Sonnenblumenkern-Brötchen
50 g Diät-Landleberwurst
Petersilie zum Garnieren

Karotte und Zucchino putzen, waschen und grob raspeln. Mit Zitronensaft, Salz und Pfeffer marinieren. Ein Brötchen aufschneiden und mit der Landleberwurst bestreichen. Rohkost darauf verteilen und mit Petersilie garnieren.
Für 1 Person

200 kcal/840 kJ

1 Scheibe Vollkornknäckebrot
100 g Diät-Kräuterfrischkäse
1 Tomate
1 Scheibe Diät-Katenschinken
frisch gemahlener Pfeffer
Basilikum zum Garnieren

Ein Knäckebrot mit dem Kräuterfrischkäse bestreichen. Die Tomate waschen, in kleine Scheiben schneiden und darauflegen. Den Diät-Katenschinken locker darüberlegen. Gleichmäßig mit Pfeffer bestreuen und mit frischen Basilikumblättern garnieren.
Für 1 Person
Siehe Foto

Salatbrot

210 kcal/880 kJ

1 Scheibe Roggenvollkornbrot
1 TL Margarine
10 g Radicchio
75 g Rettichscheiben
1/2 hartgekochtes Ei
10 g Schnittlauchröllchen
Speisewürze mit Gartenkräutern

Das Brot mit der Margarine bestreichen. Die Radicchioblätter waschen und trockenschwenken. Auf das Brot legen und die Rettichscheiben darauf anordnen. Das hartgekochte Ei in Scheiben schneiden und zu den Rettichscheiben legen. Mit Schnittlauchröllchen und Speisewürze bestreuen.
Für 1 Person
Siehe Foto

Käse-Rührei

270 kcal/1130 kJ

1 Ei
1 EL Mineralwasser
1 Scheibe Edamer (40% Fett i.Tr., 30 g)
1 Scheibe Vollkorntoastbrot
100 g Salatgurke

Das Ei mit dem Mineralwasser verquirlen. Den Käse in kleine Würfel schneiden. Aus der Masse in einer beschichteten Pfanne Rührei zubereiten. Auf das getoastete Vollkornbrot geben, die in Scheiben geschnittene Salatgurke dazulegen.
Für 1 Person

Fruchtiges Frühstück

125 kcal/520 kJ

2 Scheiben Ananas natursüß aus der Dose
1/2 Grapefruit
2 EL Cornflakes

Die Ananas in Stücke schneiden. Die Grapefruit aus der Schale lösen, die Membranen entfernen und das Fruchtfleisch ebenfalls in kleine Stücke schneiden. Ananas- und Grapefruitstücke mit den Cornflakes mischen.
Für 1 Person

Kekse mit Ananas

182 kcal/760 kJ

4 Vollkornkekse (20 g)
2 Scheiben Ananas natursüß aus der Dose
1 TL Preiselbeeren

Die Kekse dünn mit den Preiselbeeren bestreichen. Die Ananasscheiben vierteln und je 2 Viertel auf die Kekse legen. Sofort servieren.
Für 1 Person

Himbeer-Flakes

60 kcal/250 kJ

125 g tiefgefrorene Himbeeren
1 EL Cornflakes

Die Himbeeren auftauen lassen und mit den Cornflakes mischen.
Für 1 Person

Roggenbrötchen halb und halb

250 kcal/1050 kJ

1 Roggenbrötchen
1 Scheibe gekochter Schinken (30 g)
1 Tomate
Pfeffer
5 g Margarine
1 TL Marmelade

Das Brötchen halbieren. Auf eine Hälfte den gekochten Schinken legen. Die Tomate waschen und in Scheiben schneiden, die Scheiben auf dem gekochten Schinken dekorieren und Pfeffer darübermahlen. Die andere Brötchenhälfte mit Margarine und Marmelade bestreichen.
Für 1 Person

Leichtes Frühstück

300 kcal/1250 kJ

1 Scheibe Vollkornbrot
1 Scheibe Knäckebrot
1/2 TL Senf
2 Salatblätter
1 Scheibe Leberkäse (30 g)
5 g Margarine
1 TL Marmelade

Das Vollkornbrot mit Senf bestreichen. Die Salatblätter waschen, trockenschwenken und auf den Senf, den Leberkäse auf die Salatblätter legen.
Das Knäckebrot mit Margarine und Marmelade bestreichen.
Für 1 Person

Apfel-Himbeer-Müsli

312 kcal/1310 kJ

3 EL kernige Haferflocken
1/8 l fettarme Milch
1 Apfel
1 EL Himbeeren
1 EL Rosinen
1 TL gehackte Haselnüsse

Den Apfel waschen, schälen, halbieren, die Kerne entfernen und in feine Würfel schneiden. Die Apfelwürfel mit Haferflocken, Himbeeren und Rosinen mischen. Mit der Milch übergießen, mit den Haselnüssen bestreuen und sofort servieren.
Für 1 Person

Pikantes Quarkbrot

240 kcal/1000 kJ

1 Scheibe Roggenvollkornbrot
1 TL Margarine
50 g Speisequark (20% Fett i.Tr.)
1 Tomate
50 g Frühlingszwiebeln
50 g Salatgurke
frisch gemahlener schwarzer Pfeffer
Speisewürze mit Gartenkräutern

Das Brot erst mit der Margarine, dann mit dem Quark bestreichen. Das Gurkenstück waschen, eventuell schälen und in Scheiben schneiden, die Scheiben auf den Quark

legen, darauf die gewaschene, in Scheiben geschnittene Tomate. Die Zwiebeln in diagonale Scheiben schneiden und auf der Tomate verteilen. Mit Speisewürze bestreuen.
Für 1 Person
Siehe Foto

Müsli-Frühstückskuchen

Pro Scheibe à 100 g
422 kcal/1770 kJ

250 g Butter
125 g Zucker
4 Eier
1 Prise Salz
150 g Weizenmehl
1/2 Päckchen Backpulver
1 1/2 EL Rum
125 g Multi-Vitamin-Müsli
60 g Sultaninen
40 g Orangeat
40 g Zitronat
50 g kandierte Kirschen
40 g Weizenmehl

Den Backofen auf 175 Grad C vorheizen. Butter und Zucker schaumig rühren. Nach und nach die Eier, das mit Backpulver gemischte und gesiebte Mehl, das Salz, den Rum und das Müsli unterrühren.
Sultaninen, Orangeat, Zitronat und kandierte Kirschen mit 40 g Mehl mischen (die Zutaten sinken dann nicht auf den Boden) und unter den Teig heben.
In eine gefettete Kastenform füllen und 70 bis 80 Minuten auf mittlerer Schiene backen.
Gesamtbackzeit:
ca. 80 Minuten

Gedünstetes Fischfilet mit Gemüsestreifen

400 kcal/1670 kJ

1 kleine Zwiebel
1 Karotte
1 Stange Lauch
1 Stück Knollensellerie
2 EL Öl
4 cl Wasser
180 g Rotbarschfilet
1 TL Zitronensaft
Salz, Pfeffer
1 TL gehackter Dill

Zwiebel schälen und fein hakken. Karotte putzen, waschen und in sehr feine Streifen schneiden. Lauch und Sellerie putzen, waschen. Lauch in dünne Ringe, Sellerie in Stifte schneiden.
Das vorbereitete Gemüse im heißen Öl unter Rühren bei starker Hitze 1 Minute anrösten, das Wasser zugießen und die Hitze herunterschalten. Bei geschlossenem Topf 5 Minuten dünsten.
Das Fischfilet säubern, mit Zitronensaft beträufeln, mit Salz und Pfeffer bestreuen und 2 Minuten durchziehen lassen. Dann in mundgerechte Stücke teilen und auf das Gemüse geben. Den Deckel auf den Topf setzen und weitere 4 bis 5 Minuten garen. Das fertige Gericht abschmecken, eventuell noch etwas nachsalzen. Mit gehacktem Dill bestreuen und Salzkartoffeln dazu servieren.
Für 1 Person
Gesamtgarzeit: 15 Minuten
Siehe Foto

Austernpilzpfanne mit Semmelknödel und Feldsalat

415 kcal/1740 kJ

2 Frühlingszwiebeln
150 g Austernpilze
1 Scheibe Lachsschinken
1 TL Butter
Speisewürze
1 EL Crème fraîche
1 TL gehackte Petersilie
1 Semmelknödel im Kochbeutel

Für den Salat:
50 g Feldsalat
1/2 TL Senf
Speisewürze
frisch gemahlener Pfeffer
1 TL Obstessig
1 TL Wasser
1 EL Öl

Die Frühlingszwiebeln putzen, waschen und in etwa 5 Zentimeter lange Stücke schneiden (1 Stück für den Salat zurückbehalten).
Austernpilze waschen und trockentupfen. Pilze und Lachsschinken in Streifen schneiden. Die Butter in einer Pfanne zergehen lassen und beides darin anbraten. Mit Speisewürze würzen und etwa 5 Minuten braten. Die Crème fraîche einrühren, etwas mitkochen lassen und mit der Petersilie bestreuen.
Den Semmelknödel nach Packungsanweisung zubereiten und zu der Austernpilzpfanne servieren.
Für den Salat den Feldsalat putzen, waschen und trockenschwenken. Das Stück Frühlingszwiebel in feine Ringe schneiden, beides mischen. Aus Senf, Speisewürze, Pfeffer, Essig, Wasser und Öl eine Salatsauce bereiten und über den Feldsalat gießen.
Für 1 Person
Gesamtgarzeit:
ca. 20 Minuten
Siehe Foto

Fischfrikassee mit Reissockel

Pro Portion ca.
399 kcal/1670 kJ

650 g Kabeljaufilet
Zitronensaft oder Essig
Salz
300 g Champignons
20 g Margarine
1 EL Mehl
1/4 l Fleischbrühe Instant
1 Kochbeutel Langkornreis
1 l Wasser
1 TL Salz
5 EL Kondensmilch
Salz
weißer Pfeffer
2 EL gehackte Petersilie

Die Fischfilets waschen, säubern und salzen. Die geputzten, in Scheiben geschnittenen Champignons in heißem Fett dünsten, mit Mehl bestäuben, die Brühe angießen und die Pilze 10 Minuten garen.
In der Zwischenzeit den Reis nach Anweisung auf der Packung zubereiten. Das Fischfilet trockentupfen und in große Würfel schneiden.
Milch, Salz und Gewürze unter die Pilze rühren, die Fisch-

filetwürfel hineinlegen und bei milder Hitze gar ziehen lassen. Vor dem Anrichten den Reis in eine gefettete kleine Kastenform geben, auf eine Platte stürzen, das Frikassee herumgeben, und alles mit Petersilie bestreut servieren.
Für 4 Personen
Gesamtgarzeit:
ca. 30 Minuten

Geflügelbrust mit Gurkengemüse und Vollkornreis

455 kcal/1900 kJ

1 TL Öl
125 g Putenbrustfilet
Speisewürze

Für das Gurkengemüse:
200 g Salatgurke
1 Zwiebel
4 Kurpflaumen
6 EL Wasser
1 TL klare Hühnerbrühe Instant
1 TL Crème fraîche
2 EL gehackter Dill

Für den Reis:
100 ml Wasser
Speisewürze
30 g Vollkornreis

Das Öl in einer Pfanne heiß werden lassen. Das Geflügelfleisch mit Speisewürze würzen und im Öl von jeder Seite etwa 3 Minuten braten. Das Fleisch herausnehmen und warm stellen.
Für das Gurkengemüse die Gurke halbieren, Kerne entfernen und in Scheiben schneiden. Die Zwiebel schälen und ebenfalls in Scheiben schneiden. Beides mit den Kurpflaumen in das Bratfett geben und anbraten. Das Wasser dazugeben, die Hühnerbrühe darüberstreuen, umrühren und etwa 10 Minuten garen. Mit Crème fraîche binden und mit gehacktem Dill bestreuen. Mit dem Putenbrustfilet anrichten.
Für den Reis Wasser und Speisewürze zum Kochen bringen und den Reis darin gar kochen. Zum Putenfleisch servieren.
Für 1 Person
Gesamtgarzeit:
ca. 20 Minuten
Siehe Foto

Rindermedaillons mit Kiwi-Pfeffer-Sauce

Pro Portion ca.
350 kcal/1460 kJ

8 Scheiben Rinderfilet (à 60 g)
2 EL Margarine
Salz, Pfeffer
0,1 l trockener Weißwein
150 ml Crème fraîche (30% Fett)
2 EL eingelegte grüne Pfefferkörner
4 Kiwis

Das Fett in einer Pfanne erhitzen. Die Medaillons auf beiden Seiten je 2 Minuten braten. Dann mit Salz und Pfeffer würzen und in Alufolie gewik-

kelt nachziehen lassen. Den Bratensatz mit dem Weißwein ablöschen, etwas einkochen. Die Crème fraîche unterrühren, und die Pfefferkörner hinzufügen. Die Sauce noch einmal kurz erhitzen. Die Kiwis schälen und in Scheiben schneiden, vierteln oder achteln. Zuletzt dazugeben. Die Medaillons mit der Sauce anrichten.
Gesamtgarzeit:
ca. 15 Minuten

Pikante Bratwurstpfanne süß-sauer

Pro Portion ca.
360 kcal/1510 kJ

2 Packungen Diät-Bratwurst (à 200 g)
250 g Lauch
1 Glas Kürbis (330 g)
1-2 Knoblauchzehen
2 EL Öl
2 EL Diät-Aprikosenkonfitüre
Salz, Pfeffer
2 TL Currypulver

Die Bratwürste längs vierteln und in Stücke schneiden. Lauch putzen, waschen und in Streifen schneiden. Kürbis abtropfen lassen. Knoblauch schälen und fein hacken. Die Bratwürste im heißen Öl anbraten. Lauch, Kürbis und Knoblauch zufügen und kurz mit andünsten. Konfitüre unterrühren und abschmecken.
Für 4 Personen
Gesamtgarzeit:
ca. 20 Minuten

Putensteaks mit Aprikosen und grünem Pfeffer

Pro Portion ca.
400 kcal/1670 kJ

2 Putensteaks à 175 g
Salz
frisch gemahlener weißer Pfeffer
1 TL Zitronensaft
2 EL Butter
1 EL Öl
1 kl. Dose Aprikosenhälften
3 EL Weißwein
1 EL eingelegte grüne Pfefferkörner
1 cl Weinbrand

Die Putensteaks mit Salz, Pfeffer und Zitronensaft von beiden Seiten einreiben und 15 Minuten durchziehen lassen.
Die Butter und das Öl in einer Pfanne erhitzen und die Steaks darin von beiden Seiten, pro Seite 2 bis 3 Minuten, braten. Dann das Fleisch aus der Pfanne nehmen und warm halten.
Im Bratenfond 6 Aprikosenhälften, den Wein und den Aprikosensirup erhitzen und die Pfefferkörner und den Weinbrand zufügen.
Die Steaks auf vorgewärmte Teller geben, pro Person 3 Aprikosenhälften. Etwas Bratenfond und Pfefferkörner auf den Tellern mit anrichten. Die restliche Sauce getrennt dazu reichen.
Für 2 Personen
Gesamtgarzeit:
ca. 10 Minuten
Siehe Foto

Gulaschsuppentopf schwäbische Art

330 kcal/1380 kJ

1 kleine Stange Lauch
1 Karotte
1 TL Öl
1 Dose Gulaschsuppentopf schwäbische Art für 1 Person
Pfeffer
1 EL Magermilch-Joghurt (0,3% Fett)
1 TL gehackte Petersilie

Lauch und Karotte waschen, putzen und in feine Streifen schneiden. Kurz im Öl anbraten. Die Gulaschsuppe dazugeben und heiß werden lassen. Pfeffern, anrichten, den Joghurt daraufgeben und mit Petersilie bestreuen.
Für 1 Person
Gesamtgarzeit: 10 Minuten

Gefüllte Schmortomaten

265 kcal/1110 kJ

100 ml Wasser
Speisewürze
30 g Vollkornreis

Für die Tomaten:
1/2 Paprikaschote
1 TL Öl
80 g Tatar
Speisewürze
2 Tomaten
150 g Maiskörner
1 TL klare Brühe Instant

Für den Reis das Wasser mit der Speisewürze aufkochen, den Reis einstreuen und darin gar kochen.
In der Zwischenzeit die Paprikaschote in kleine Würfel schneiden. Das Öl erhitzen und Tatar und Paprikawürfel darin anbraten. Mit Speisewürze würzen und unter den Reis mischen.
Von den Tomaten die Deckel abschneiden, das Fruchtfleisch herauslösen, würfeln und beides mit den Maiskörnern in einen Topf geben. Die Brühe darüberstreuen. Die Tomaten mit der Reismischung füllen, in den Topf setzen und etwa 10 Minuten dünsten, auf jede Tomate 1 EL Crème fraîche geben.
Für 1 Person
Gesamtgarzeit:
ca. 30 Minuten
Siehe Foto

Gemüsespieß

158 kcal/660 kJ

50 g frische Champignons
50 g feste Tomaten
50 g grüne Paprikaschote
50 g Zucchini
Salz, schwarzer Pfeffer
30 g Käse (45% Fett i.Tr.)

Die Gemüse putzen, waschen und grob würfeln. Auf einen Spieß stecken und unter dem vorgeheizten Grill garen etwas salzen und schwarzen Pfeffer darüber mahlen. Käse, in Scheiben geschnitten, darüberlegen und mitgrillen, bis er zerläuft.
Für 1 Person
Gesamtgarzeit:
ca. 10 Minuten

Garnierter Spieß mit Bratkartoffeln

460 kcal/1920 kJ

Für die Spieße:
80 g Lachsschinken im Stück
125 g Ananas
100 g Salatgurke
2 Frühlingszwiebeln

Für die Kartoffeln:
2 Kartoffeln
1 TL Öl
Speisewürze
1 TL Bratensaft Instant aus dem Glas
frisch gemahlener schwarzer Pfeffer

Den Lachsschinken, die Ananas und die Salatgurke in große Würfel schneiden. Die Frühlingszwiebeln putzen, waschen und in Stücke schneiden. Alles abwechselnd auf 2 Schaschlikspieße stecken.
Die Kartoffeln kochen, pellen und in Scheiben schneiden. In einer beschichteten Pfanne das Öl heiß werden lassen und die Kartoffelscheiben mit den Spießen zufügen, anbraten. Mit Speisewürze mischen. Die Kartoffelscheiben herausnehmen, mit Pfeffer bestreuen und warm stellen.
Das Wasser in das Bratfett geben, den Bratensaft einrühren, aufkochen und die Spieße weitere 5 Minuten darin garen. Mit den Bratkartoffeln servieren.
Für 1 Person
Gesamtgarzeit:
ca. 15 Minuten
Siehe Foto

Bouillon mit Ei, Kabeljau in Chinakohl und Dillkartoffeln

485 kcal/2030 kJ

Für die Bouillon:
1 Eigelb
1 TL Rinds-Bouillon Instant
150 ml Wasser
1 TL Kräuter

Für den Kabeljau:
200 g Kabeljau
Speisewürze
150 g Chinakohl
1 Tomate
1/8 l Wasser
1 TL Saucenbinder für helle Saucen

Für die Dillkartoffeln:
2 Kartoffeln
Salzwasser
gehackter Dill

Für die Bouillon das Eigelb mit dem Rinds-Bouillon-Pulver in einer Tasse verrühren und mit dem kochenden Wasser übergießen. Die Kräuter einstreuen.
Für den Kabeljau den Fisch waschen, trockentupfen und mit etwas Speisewürze bestreuen. Den Chinakohl waschen, trockenschwenken und quer halbieren. Den unteren, härteren Teil in Streifen schneiden. Den restlichen Chinakohl mit der in Scheiben geschnittenen Tomate auf den Fisch legen. Das Wasser mit Speisewürze würzen und aufkochen. Den geschnittenen Chinakohl darin 2 Minuten

garen. Fisch darauflegen und gar ziehen lassen. Den Fisch anrichten, Dünstflüssigkeit mit Saucenbinder binden.
Die Kartoffeln waschen, schälen und in Salzwasser gar kochen. Mit gehacktem Dill bestreuen.
Für 1 Person
Gesamtgarzeit:
ca. 30 Minuten

Überbackene Zucchini

350 kcal/1460 kJ

250 g Zucchini
50 g Zwiebeln
1 1/2 TL Margarine
1/8 l trockener Weißwein
1 TL Fleischbrühe Instant
Salz
frisch gemahlener schwarzer Pfeffer
40 g geriebener Käse (45% Fett i.Tr.)

Die Zucchini putzen, waschen und in Scheiben schneiden. Die Zwiebeln schälen und in Ringe schneiden. Beides in zerlassener Margarine anschmoren, bis die Zwiebeln glasig sind, jedoch keine Farbe nehmen lassen. Mit Wein und Brühe ablöschen und weitere 10 Minuten schmoren lassen. In eine feuerfeste Form füllen. Mit Salz und Pfeffer würzen. Mit Käse bestreuen und im vorgeheizten Backofen bei 200 Grad C kurz überbacken, bis der Käse zerläuft und anfängt, Blasen zu bilden.
Für 1 Person
Gesamtgarzeit:
ca. 15 Minuten

Wirsingrollen mit Tomatensauce

45 kcal/190 kJ

250 g Wirsingblätter
100 ml Wasser
Speisewürze
30 g Vollkornreis
1 TL gehackte Petersilie
50 g Tatar
1 EL Tomatenmark
1/8 l Wasser
1 TL klare Brühe Instant
1 TL gewürzter Saucenbinder für helle Saucen
1 TL Tomatenmark
1 TL gehackte Petersilie zum Garnieren

Die Wirsingblätter waschen und mit kochendem Wasser übergießen. Für 2 Rollen jeweils 3 Blätter aufeinanderlegen, übrigen Wirsing kleinschneiden.
100 Milliliter Wasser mit Speisewürze zum Kochen bringen und den Reis darin gar kochen. Mit Petersilie, Tatar, Tomatenmark und kleingeschnittenem Wirsing mischen. Auf die Wirsingblätter verteilen, aufrollen und feststecken. In 1/8 Liter Wasser aufkochen, die klare Brühe zugeben und 20 Minuten garen. Die Wirsingrollen herausnehmen und warm stellen.
Die Kochflüssigkeit mit dem Saucenbinder anrühren. Tomatenmark einrühren, über die Wirsingrollen geben und mit Petersilie bestreuen.
Für 1 Person
Gesamtgarzeit:
ca. 45 Minuten
Siehe Foto

Schupfnudeln

Pro Portion ca.
480 kcal/2010 kJ

1 kg festkochende Kartoffeln
Salzwasser
60 g Mehl
40 g Speisestärke
Salz
frisch gemahlener weißer Pfeffer
geriebene Muskatnuß
Mehl zum Formen
100 g Butterschmalz
1 großes Bund Petersilie
1 TL getrockneter Majoran

Die Kartoffeln waschen, in Salzwasser der Schale garen, pellen und zweimal durch die Presse drücken.

Erkaltet mit dem Mehl, der Speisestärke, dem Salz, dem Pfeffer und dem Muskat vermischen. Den Teig auf reichlich Mehl zu einer etwa 2 Zentimeter dicken Rolle formen und in 1 Zentimeter dicke Scheiben schneiden. Die Scheiben zu etwa fingerdicken Röllchen formen und vorsichtig portionsweise in reichlich kochendes Salzwasser gleiten lassen.

Die Nudeln bei mittlerer Hitze garen, bis sie an die Oberfläche steigen. Mit einem Schaumlöffel herausnehmen und etwa 2 Stunden trocknen lassen. Die Nudeln in heißem Butterschmalz von allen Seiten goldgelb braten. Zum Schluß reichlich gehackte Petersilie und den Majoran darüberstreuen.

Für 4 Personen
Gesamtgarzeit: ca. 1 Stunde
Siehe Foto

Die
BUTTERSCHMALZ
Küche

Camembert-Toast mit Fruchtcocktail

278 kcal/1080 kJ

1 Scheibe Vollkorntoast
1 TL Tomatenketchup
30 g Camembert (40% Fett i.Tr.)
1 TL Preiselbeeren
125 g natursüßer Fruchtcocktail

Den Grill vorheizen. Das Brot toasten und mit Tomatenketchup bestreichen. Den Camembert in Scheiben schneiden und den Toast damit belegen. Unter dem Grill den Käse leicht zerlaufen lassen. Herausnehmen und mit den Preiselbeeren bestreichen. Den Fruchtcocktail dazu reichen.
Für 1 Person
Gesamtgarzeit: ca. 4 Minuten

Fleischtomaten mit Kräuter-Bröseln

274 kcal/1150 kJ

2 Fleischtomaten (insges. 300 g)
Salz
Pfeffer
2 Vollkornzwiebäcke
30 g mittelalter Gouda
je 1/2 EL gehackter Dill, Petersilie, Schnittlauchröllchen
1 EL Kondensmilch (7% Fett)

Fleischtomaten waschen, quer halbieren, auf eine hitzebeständige Platte oder auf ein Backblech setzen, salzen und pfeffern. Zwiebäcke fein zerdrücken, mit geriebenem Käse, gehackten Kräutern und Kondensmilch mischen. Auf die Tomatenhälften häufeln. Im vorgeheizten Backofen bei 200 Grad C etwa 15 Minuten backen oder 1 bis 2 Minuten unter den heißen Grill schieben.
Für 1 Person
Gesamtgarzeit:
2 bis 15 Minuten

Gefüllter Kräuterpfannkuchen

Pro Portion ca.
333 kcal/1390 kJ

1 Portion tiefgekühltes Leipziger Allerlei (300 g)
1 EL Mehl
knapp 1/8 l Wasser
Salz
2 Eier
2 EL gemischte Kräuter
2 TL Öl
1 Scheibe Diät-Schmelzkäse
2 Gläser Tomatensaft

Leipziger Allerlei nach der Packungsanweisung zubereiten. Aus Mehl, Wasser, Eiern, Salz und Kräutern einen Eierkuchenteig bereiten. In heißem Öl daraus 2 Pfannkuchen backen. Mit je 1/2 Scheibe Käse und Gemüse füllen. Tomatensaft dazu reichen.
Für 2 Personen
Gesamtgarzeit:
ca. 20 Minuten
Siehe Foto

Krabbensalat mit Toastbrot

327 kcal/1370 kJ

100 g Krabben
Zitronensaft
1 kleiner Chicorée
50 g Champignons
1/2 Beutel fertige Cocktailsauce
1 Scheibe Vollkorntoastbrot

Die Krabben waschen, trokkentupfen und mit Zitronensaft beträufelt ziehen lassen. Den Chicorée (einige Blätter zurücklassen) in feine Streifen schneiden. Die Champignons putzen, waschen und in Scheiben schneiden. Die Salatzutaten mischen und auf den Chicoréeblättern anrichten. Die Cocktailsauce darübergeben, das getoastete Brot dazu reichen.
Für 1 Person

Bratreis nach chinesischer Art

Pro Portion ca.
415 kcal/1740 kJ

2 Tassen Natur- und Wildreis
Salz
300 g Broccoli
1 rote Paprikaschote
1 Zwiebel
2 Eier
Pfeffer
4 EL Öl
100 g Garnelenfleisch
2-4 EL Sojasauce

Den Reis in 4 Tassen kochendes, gesalzenes Wasser geben, umrühren und bei wenig Hitze 25 Minuten zugedeckt sacht kochen lassen. Broccoli in kleine Röschen teilen, Paprika entkernen, in Streifen schneiden, Zwiebel würfeln, Eier mit Salz und Pfeffer verquirlen. Öl in einer großen Pfanne stark erhitzen. Nacheinander im Abstand von etwa 10 Sekunden Zwiebel, Broccoli, Paprika und Garnelen unter Rühren braten. Reis zufügen und noch 2 Minuten weiterbraten. Reis und Gemüse in die Mitte der Pfanne schieben. Eier an den Rand gießen, unter Rühren stocken lassen. Bratreis mit dem Rührei mischen, mit Sojasauce würzen.
Für 4 Personen
Gesamtgarzeit:
ca. 30 Minuten
Siehe Foto

Apfel-Kiwi-Leber mit Majoran

350 kcal/1460 kJ

1 kleiner Apfel (100 g)
1 Kiwi (75 g)
125 g Kalbsleber
10 g Margarine
Salz
Pfeffer
Majoran
trockener Weißwein

Den Apfel mit einem Apfelausstecher entkernen und in dünne Ringe schneiden. Die Kiwi schälen und in Scheiben schneiden. Von der Kalbsleber die Sehnen entfernen. Dann kurz mit kaltem Wasser überbrausen und mit Küchen-

krepp gut trockentupfen. 1 Teelöffel Margarine in einer beschichteten Pfanne erhitzen. Die Leber bei geringer Hitze auf beiden Seiten je 2 Minuten darin braten. Dann salzen, pfeffern und warm stellen. Die restliche Margarine zum Bratfett geben und zergehen lassen. Die Apfelringe hinzufügen, und unter Rühren 2 bis 3 Minuten darin braten. Dann die Kiwi dazugeben und etwas Wein angießen. Ganz kurz miterhitzen. Die Leber hinzufügen und alles mit feingehacktem Majoran würzen und abschmecken.
Für 1 Person
Gesamtgarzeit:
ca. 15 Minuten

Spargel mit Käseschaum

238 kcal/990 kJ

500 g frischer Spargel
Salz
1/2 TL Zucker
5 g Butter
2 Eiweiß
20 g Gouda

Den Spargel waschen, schälen und in Salzwasser mit Zucker und Butter etwa 20 Minuten garen. Abgetropften Spargel auf eine feuerfeste Platte legen. Eiweiß zu Schnee schlagen, geriebenen Käse daruntermischen, und den Käseschaum auf die Spargelstangen häufeln. Unter dem Grill goldgelb überbacken.
Für 1 Person
Gesamtgarzeit: 25 Minuten

Karottensalat

130 kcal/540 kJ

200 g Karotten
Zitronensaft
2 TL Sesam

Die Karotten raspeln und mit Zitronensaft beträufeln. Die Sesamsamen in einer beschichteten Pfanne ohne Fett vorsichtig anrösten und darüberstreuen.
Für 1 Person

Krebsragout mit jungem Gemüse

**Pro Portion ca.
215 kcal/900 kJ**

32 ausgelöste Flußkrebse und deren Schalen
4 Schalotten
10 g Butter
2 cl Pernod
1/8 l trockener Weißwein
400 ml Wasser
Salz
3 weiße Pfefferkörner
12 kleine Karotten
12 grüne Spargelspitzen
Kerbel zum Garnieren

Die Krebsschalen waschen. Die Schalotten schälen, fein hacken und mit den Krebsschalen in der Butter kurz anbraten. Mit Pernod, dem Weißwein und dem Wasser aufgießen, wenig Salz und die Pfefferkörner zugeben. Bei geringer Hitzezufuhr 15 Minuten kochen. Den Krebsfond durch ein feines Sieb gießen. Die Karotten waschen, schälen und in längliche Stücke

schneiden. Die Spargelspitzen und die Karotten getrennt in Salzwasser 4 Minuten blanchieren. Die Krebse und das Gemüse in dem Fond erhitzen, in tiefe Teller geben und mit gezupftem Kerbel garnieren.
Für 4 Personen
Gesamtgarzeit:
ca. 25 Minuten
Siehe Foto

Champignon-Gratin mit Erbsen

Pro Portion ca.
266 kcal/1120 kJ

500 g große Champignons
30 g Butter
300 g tiefgekühlte Erbsen
Salz
frisch gemahlener weißer Pfeffer
150 g geriebener Maasdamer Käse
1 Tomate

Pilze putzen, waschen und in Scheiben schneiden. Eine feuerfeste Form mit 10 Gramm Butter ausstreichen. Boden mit aufgetauten Erbsen bedecken, Champignonscheiben darauf anordnen, restliche Erbsen und enthäutete, entkernte und gewürfelte Tomate darüberstreuen. Butterflöckchen aufsetzen. Im vorgeheizten Ofen bei 200 Grad C etwa 15 Minuten überbacken.
Für 4 Personen
Gesamtgarzeit:
ca. 15 Minuten

Geflügelsalat mit Sesam

325 kcal/1360 kJ

150 g Geflügelbrust ohne Haut
Salz
frisch gemahlener schwarzer Pfeffer
2 Msp. Butter
3-4 Blätter Eisbergsalat
1 große Karotte

Für die Salatsauce:
2 EL Sahne-Dickmilch
Zitronensaft
Salz
Cayennepfeffer
frische Koriander- oder Kerbelblättchen
1 TL Sesamsamen

Die Geflügelbrust auf beiden Seiten mit wenig Salz und Pfeffer würzen. Die Butter in einer beschichteten Pfanne erhitzen. Die Geflügelbrust auf beiden Seiten je 4 Minuten braten. In Alufolie wickeln, noch etwa 5 Minuten nachziehen lassen.
Inzwischen die Salatblätter in Streifen schneiden. Die Karotten schälen und in Scheiben schneiden. Für die Salatsauce die Dickmilch mit etwas Zitronensaft, wenig Salz und 1 Prise Cayennepfeffer verrühren. Den feingehackten Koriander unterrühren.
Die Geflügelbrust aus der Folie nehmen und in Scheiben schneiden. Mit den übrigen Zutaten anrichten, die Sauce darübergeben. Kurz ziehen lassen.
Inzwischen den Sesam in einer beschichteten Pfanne ohne Fett kurz rösten. Den Sesam und ein paar Blätter Koriander über den Salat streuen.
Für 1 Person
Gesamtgarzeit:
ca. 10 Minuten
Siehe Foto

Kiwi-Puten-Curry mit Reis

370 kcal/1550 kJ

2 EL Reis
125 g Putenschnitzel
Salz
Pfeffer
Curry
5 g Margarine
2 EL trockener Weißwein
1 EL Crème fraîche (30% Fett)
1 Kiwi

Den Reis nach Vorschrift körnig garen. Das Putenschnitzel rundum mit wenig Salz, Pfeffer und Curry einreiben und in feine Streifen schneiden. Die Margarine in einer beschichteten Pfanne erhitzen. Das Putenfleisch hinzufügen und unter Rühren 3 bis 4 Minuten darin braten. Dann den Wein dazugießen und den Bratensatz damit loskochen. Die Crème fraîche unterrühren und kräftig mit Curry abschmecken. Die Kiwi schälen und in Scheiben schneiden, halbieren oder vierteln. Zuletzt dazugeben und noch einmal kurz erhitzen. Dazu den Reis servieren.
Für 1 Person
Gesamtgarzeit:
ca. 25 Minuten

Hähnchenfilets auf Blattspinat

Pro Portion ca.
700 kcal/2930 kJ

6 Hähnchen-Brustfilets (ca. 500 g)
4 EL Öl
Salz, Pfeffer
Muskat
3 Zwiebeln
1/8 l Marsala
60 g Pinienkerne
1 kg Blattspinat
20 g Margarine
125 g Mozzarella
200 g Sahne
1-2 EL Saucenbinder

Die Hähnchen-Brustfilets in einer Pfanne im heißen Fett 4 bis 5 Minuten auf jeder Seite braten und warm stellen.
2 Zwiebeln schälen, vierteln und kurz anbraten. Mit 1/8 Liter Wasser und dem Marsalla ablöschen.
Die Pinienkerne in einer Pfanne ohne Fett anrösten, den Spinat waschen, die übrige Zwiebel schälen und sehr fein würfeln. Das Fett erhitzen und die Zwiebelwürfel darin dünsten. Den Spinat tropfnaß dazugeben und zugedeckt etwa 5 Minuten dünsten. Mit etwas Salz, Pfeffer und Muskat abschmecken, die Pinienkerne und den gewürfelten Mozzarella unter den Spinat heben.
Den Bratfond durchseihen, mit Sahne und Wasser auf 1/2 Liter auffüllen und etwas einkochen lassen. Mit Saucenbinder verstärken und mit Salz, Pfeffer und Marsalla abschmecken.
Die Filets auf dem Spinat anrichten, die Sauce getrennt dazu reichen.
Für 4 Personen
Gesamtgarzeit:
ca. 30 Minuten
Siehe Titelfoto

Reissalat mit Putenbrust

Pro Portion ca.
450 kcal/1880 kJ

2 Beutel 8-Minuten-Reis
1 kleiner Kopf Radicchio
1 Endiviensalat
2 rote Zwiebeln
1 Bund Radieschen
1 kleine Dose Maiskörner
350 g gegarte Putenbrust

Für die Salatsauce:
3 EL milder Obstessig
Salz, Pfeffer
1 EL scharfer Senf
6 EL kaltgepreßtes Olivenöl

Reis nach Packungsanweisung 8 Minuten garen, danach abtropfen und abkühlen lassen. Radicchio und Endiviensalat putzen, waschen und in mundgerechte Stücke teilen. Zwiebeln schälen, Radieschen putzen. Zwiebeln und Radieschen in feine Scheiben bzw. Ringe schneiden. Maiskörner abtropfen lassen. Putenbrust in große Stücke teilen und mit den übrigen Salatzutaten in einer Schüssel anrichten. Essig, Salz, Pfeffer und Öl verrührt darüber gießen.
Für 4 Personen
Gesamtgarzeit: 8 Minuten
Siehe Foto

Broccoli-Salat mit geröstetem Sesam

Pro Portion ca.
245 kcal/1020 kJ

2 Eier
400 g Broccoli
Salz
2 Schalotten
100 g Kirschtomaten

Für die Sauce:
3 EL Weißweinessig
1 TL Dijonsenf
friisch gemahlener weißer Pfeffer
4 EL Sojaöl
1 Bund Schnittlauch

Außerdem:
2 EL Sesamsaat

Die Eier 10 Minuten kochen, eiskalt abschrecken, pellen und abkühlen lassen. Den Broccoli waschen, die Röschen von den Stengeln schneiden. Die Stengel schälen und in dünne Scheiben schneiden. Beides in kochendes Salzwasser geben und 7 Minuten garen. Eiskalt abschrecken und sehr gut abtropfen lassen. Die Schalotten sehr fein hacken. Die Kirschtomaten waschen und vierteln.
Den Weißweinessig mit Senf, Salz, Pfeffer und Sojaöl gut verrühren.
Die Eier kleinwürfeln. Den Schnittlauch kleinschneiden. Broccoli, Kirschtomaten, Schalotten, Eier und Schnittlauch in der Sauce mischen und auf Teller verteilen. Die Sesamsaat in einer beschichteten Pfanne ohne Fett goldbraun rösten und warm darüberstreuen.
Für 4 Personen
Gesamtgarzeit:
ca. 20 Minuten

Salat mit Käsekugeln

301 kcal/1260 kJ

1/2 Kopf Friséesalat
1 Bund Radieschen
150 g Salatgurke
100 g Champignons
30 g mittelalter Gouda
1 Magermilch-Joghurt
1/2 Apfel
Salz
frisch gemahlener schwarzer Pfeffer
1 EL Zitronensaft
1 TL Schnittlauchröllchen

Den Salat putzen, waschen und zerkleinern. Die Radieschen putzen, waschen und vierteln. Gurke waschen und in Scheiben schneiden. Die Champignons putzen, waschen, trockentupfen und ebenfalls in Scheiben schneiden. Alles mischen.
Mit einem Kugelausstecher sehr kleine Käsekugeln formen. Den Apfel schälen, halbieren, entkernen und reiben. Mit Zitronensaft beträufeln, damit er nicht braun wird. Joghurt unterrühren und mit Salz und Pfeffer abschmekken. Über die Salatzutaten gießen und mit Schnittlauchröllchen bestreuen.
Für 1 Person

Käse-Wurst-Salat

Pro Portion
ca. 330 kcal/1380 kJ

160 g Diät-Schinkenwurst
160 g Diät-Kaiserjagdwurst
125 g Rottaler-Diätkäse
330 g Gewürzgurken
2 mittelgroße Zwiebeln

Für die Salatsauce:
1/8 l Weißweinessig
Salz
frisch gemahlener weißer Pfeffer
1 Prise Zucker
1 Msp. mittelscharfer Senf
3 EL Öl
1 Bund Schnittlauch

Die Wurst aus der Pelle lösen, der Länge nach halbieren und in nicht zu dicke Scheiben schneiden. Den Käse in kleine Würfel schneiden. Von den Gewürzgurken die Stielansätze entfernen, die Gurken in dünne Scheiben schneiden. Die Zwiebeln schälen und in feine Ringe schneiden.
Essig und Öl in einer Schüssel mit einem Schneebesen verschlagen, bis eine milchige Flüssigkeit entsteht. Salz, Pfeffer, mittelscharfer Senf und 1 Prise Zucker zugeben. Weiterschlagen, bis alles gut gemischt ist. Marinade und Salatzutaten vermengen.
Für etwa 1 Stunde in den Kühlschrank stellen und gut durchziehen lassen. Auf Tellern anrichten. Schnittlauch waschen, trockenschwenken, in feine Röllchen schneiden und darüberstreuen.
Für 4 Personen
Siehe Foto

Tomatensuppe

Pro Portion ca.
190 kcal/790 kJ

500 g Tomaten
1 Zwiebel
1 Knoblauchzehe
2 EL Olivenöl
1/4 TL Salz
etwas frisch gemahlener schwarzer Pfeffer
1/2 TL Paprikapulver
frische Kräuter (Basilikum, Oregano, Thymian und Rosmarin)
1 Prise Zucker
400 ccm entfettete Fleischbrühe
1 EL Sauerrahm
1 EL geriebener Parmesan

Die Tomaten waschen und in kleine Würfel schneiden. Zwiebel und Knoblauchzehe schälen und fein würfeln. Das Öl in einem Topf erhitzen, Zwiebel- und Knoblauchwürfel darin goldgelb anschwitzen. Dann die Tomatenwürfel, Salz, Pfeffer, Paprikapulver und Kräuter einrühren und unter Rühren bei wenig Hitze 15 Minuten köcheln.
Die Fleischbrühe erhitzen und zu den Tomaten geben. Kurz aufkochen lassen und dann die Suppe durch ein feines Sieb passieren. Zum Schluß den Sauerrahm in die Suppe rühren oder als Klecks auf die in Tassen servierte Suppe geben. Mit Parmesan bestreuen.
Für 2 Personen
Gesamtgarzeit:
ca. 20 Minuten.
Siehe Foto

Hühnerbrühe mit Grießklößchen

Pro Portion ca. 150 kcal/630 kJ

Für die Klößchen:
1/4 l Milch
10 g Butter
Salz
Muskat
60 g Hartweizengrieß

Für die Gemüseeinlage:
1 Karotte
1 Stück Knollensellerie
1 Stück Lauch

Außerdem: knapp 1 l kräftige heiße Hühnerbrühe

Die Milch mit Butter, Salz und Muskat aufkochen. Den Grieß einstreuen und so lange rühren, bis ein dicker Brei entstanden ist. Den Topf vom Feuer nehmen, das Ei darunterrühren. Mit angefeuchteten Teelöffeln Klößchen in kochendes Wasser geben und 4 bis 5 Minuten köcheln lassen. Das Gemüse putzen und in feine Streifchen schneiden. Von der Hühnerbrühe 2 bis 3 Eßlöffel in einen Topf geben, das Gemüse darin 1 bis 2 Minuten kochen lassen. Die fertigen Klößchen mit einem Schaumlöffel aus dem Wasser heben und zusammen mit dem Gemüse in die heiße Hühnerbrühe geben. Nochmals abschmecken und mit Schnittlauch bestreut servieren.
Für 4 Personen
Gesamtgarzeit:
ca. 10 Minuten
Siehe Foto

Brandteigklößchen in Bouillon

Pro Portion ca. 190 kcal/790 kJ

1 l Bouillon
1/8 l Wasser
30 g Butter
1 EL gehackte Petersilie
Salz
frisch gemahlener weißer Pfeffer
Muskat
50 g Mehl
50 g Reibbrot
1 Ei
1 Eigelb

Die Bouillon heiß werden lassen. Das Wasser mit der Butter, Petersilie, Salz, Pfeffer und Muskat aufkochen. Mehl und Reibbrot auf einmal in die kochende Flüssigkeit geben und mit einem Holzlöffel so lange rühren, bis sich die Masse zum Kloß gebildet hat.
Den Kloß in eine Schüssel geben, leicht abkühlen lassen und nacheinander das Ei und das Eigelb einrühren. In einem Topf leicht gesalzenes Wasser aufkochen, mit einem angefeuchteten Löffel Klößchen von der Masse abstechen, formen und in das kochende Wasser legen. Die Temperatur reduzieren und die Klößchen 10 bis 12 Minuten ziehen lassen. Danach gut abgetropft in die heiße Bouillon geben.
Für 4 Personen
Gesamtgarzeit:
ca. 20 Minuten

Linsensalat in Tomate

308 kcal/1290 kJ

1/4 l Wasser
Speisewürze
30 g Linsen
1 Fleischtomate
2 Gewürzgurken

Für die Salatsauce:
1 Beutel italienische Salatsauce Instant
Pfeffer
Zucker
etwas Senf
3 EL Wasser
3 EL Öl
1 Salatblatt
1/2 Scheibe Vollkornbrot

Die Speisewürze und die Linsen ins Wasser geben und etwa 20 Minuten kochen, dann abtropfen lassen. Die Fleischtomate aushöhlen, die Gewürzgurke in Würfel schneiden. Das Fruchtfleisch der Tomate und die Gurkenwürfel mit den Linsen mischen.
Die italienische Salatsauce mit Wasser und Öl verrühren. Mit möglichst frisch gemahlenem weißem Pfeffer, einer Prise Zucker und einer Messerspitze mittelscharfem Senf abschmecken. 2 Eßlöffel davon abnehmen und die Salatzutaten darin mischen (restliche Salatsauce anderweitig verwenden). Die Tomate mit dem Salat füllen. Auf dem Salatblatt anrichten und mit dem Brot servieren.
Für 1 Person
Gesamtgarzeit: 20 Minuten
Siehe Foto

Weizensalat „Orange"

**Pro Portion ca.
245 kcal/1020 kJ**

150 g Weizenkörner
1/2 l Wasser
1 TL Fleischsuppe Instant
100 g Bleichsellerie
1-2 Orangen
1 rote Zwiebel

Für die Sauce:
3 EL Zitronensaft
1-2 EL Orangensaft
3-4 EL Pflanzenöl
Salz
frisch gemahlener weißer Pfeffer
1 Prise Zucker

Den Weizen über Nacht in Wasser einweichen. Mit dem Einweichwasser aufkochen, die Fleischsuppe einstreuen und etwa 40 Minuten kochen, dann abtropfen und abkühlen lassen.
Den Bleichsellerie waschen und in feine Streifen schneiden. Die Orangen schälen und in Spalten zerteilen. Die Zwiebel schälen und in Ringe schneiden. Alles mit dem Weizen mischen.
Für die Sauce Zitronensaft, Orangensaft und Öl verquirlen. Mit Salz, Pfeffer und Zukker abschmecken und über die Salatzutaten gießen und alles gut mischen. Den Salat vor dem Servieren im Kühlschrank gut durchziehen lassen. Zum Servieren auf Tellern anrichten.
Für 4 Personen
Gesamtgarzeit: 40 Minuten

Bean-fruit-Salat

365 kcal/1530 kJ

3 EL rote Bohnen aus der Dose
1 Apfel
1 Birne
1 Chicorée

Für die Sauce:
1/2 TL Senf
1/2 TL geriebener Meerrettich
1/2 TL Chilipulver
1 TL Öl
1 TL Essig
Gewürzmischung

Die Bohnen abtropfen lassen. Apfel und Birne waschen, Kerngehäuse entfernen und in dünne Scheiben schneiden. Den Chicorée putzen, waschen, die äußeren Blätter ablösen und auf einem Teller anrichten. Restlichen Chicorée in feine Streifen schneiden. Aus Senf, Meerrettich, Chilipulver, Öl, Essig und Gewürzmischung eine Marinade bereiten. Die Salatzutaten darin mischen und auf den Chicoréeblättern anrichten.
Für 1 Person

Raffinierter Spargel-Melonen-Cocktail

Pro Portion ca.
210 kcal/880 kJ

1/2 Kopf Eisbergsalat
1 Glas Spargel (370 g)
100 g Diät-Katenschinken
2 Ogenmelonen (à ca. 500 g)

Für die Sauce:
50 g Diät-Mayonnaise
1 Becher Joghurt
2 TL Zitronensaft
Salz, Pfeffer
Feigen zum Garnieren

Den Eisbergsalat putzen, waschen und in Streifen schneiden. Spargel abtropfen lassen und in Stücke, den Schinken in Streifen schneiden. Die Melonen halbieren, Kerne herausschaben und das Fruchtfleisch herauslösen, mit den Salatzutaten vermengen und in den Melonenhälften anrichten. Mayonnaise, Joghurt und Zitronensaft verrühren und mit Salz und Pfeffer abschmekken. Die Melonenhälften auf Tellern anrichten, und die Marinade darübergeben. Mit halbierten Feigen garnieren.
Für 4 Personen
Siehe Foto

Beefburger-Karree

367 kcal/1540 kJ

125 g Beefsteakhackfleisch
1 TL gehackte Zwiebeln
1/2 Ei
Salz
Pfeffer
50 g Schnittkäse (20% Fett i.Tr.)
Salatblätter
Kresse
1 Bund Radieschen

Das Hackfleisch mit Zwiebel, Ei, Salz und Pfeffer mischen. Aus der Fleischmasse zwei gleich große viereckige Fleischplätzchen formen. Kä-

sescheiben in gleicher Größe dazwischenlegen und in einer beschichteten Pfanne von jeder Seite braten, bis der Käse schmilzt.
Mit gewaschenen Salatblättern und Kresse anrichten, Radieschen dazu servieren.
Für 1 Person
Gesamtgarzeit: 15 Minuten

Hackfleisch-Häppchen

Pro Portion ca.
120 kcal/500 kJ

1 kg gemischtes Hackfleisch
80 g Toastbrot
2-3 EL Wasser
100 g Zwiebeln
4 Eier
3 EL scharfer Senf
Salz
1/4 TL Zitronenpfeffer
6 EL Husaren-Sauce und Teufels-Sauce

Das Hackfleisch mit dem in Wasser eingeweichten und ausgedrückten Brot vermischen. Die geschälten, feingehackten Zwiebeln, Eier, Senf, Salz und Zitronenpfeffer ebenfalls gut untermischen. Die Hackfleischmasse auf ein ungefettetes Backblech geben und glatt verstreichen. Im vorgeheizten Backofen bei 220 Grad C etwa 20-25 Minuten braten. Danach in Rechtecke schneiden. Die Hackfleisch-Häppchen jeweils mit Husaren-Sauce oder Teufels-Sauce garnieren.
Ergibt 12 Stück
Gesamtgarzeit: 25 Minuten
Siehe Foto

Salbeimäuse mit Avocado-Dip

Pro Portion ca.
250 kcal/1050 kJ bzw.
190 kcal/790 kJ

Für den Teig:
2 Eier
150 g Mehl
4 EL Olivenöl
1/2 TL Salz
1/8 l Bier
Butterschmalz oder Olivenöl zum Ausbacken
1 dicker Strauß Salbei

Für den Avocado-Dip:
2 reife Avocados
Saft von 3 Zitronen
Salz
Pfeffer
Cayennepfeffer

Die Zutaten für den Teig mit einem Schneebesen aufschlagen. Eine halbe Stunde quellen lassen. Inzwischen die Salbeiblätter von den Stielen zupfen.
Die Blätter einzeln durch den Ausbackteig ziehen, etwas abstreifen, dann in heißem Fett (ca. 190 Grad C) schwimmend goldbraun ausbacken. Auf Küchenkrepp abtropfen lassen.
Für den Dip die Avocados schälen und den Stein herauslösen. Das Fruchtfleisch mit dem Zitronensaft, Salz und Pfeffer pürieren. Mit Cayennepfeffer abschmecken. Die Salbeimäuse bei Fisch in Avocado-Dip tauchen.
Für 6-8 Personen
Gesamtgarzeit:
ca. 30 Minuten

Mineralwasser-Drinks

(v.l.n.r.)

Sanddorn-Cocktail

70 kcal/290 kJ

0,1 l fettarmer Kefir
3 EL Sanddornsaft
kohlensäurehaltiges Mineralwasser

Kefir und Sanddornsaft in ein großes Glas geben. Gründlich miteinander vermischen. Mit Mineralwasser auffüllen und gut verrühren.
Für 1 Person

Erdbeer-Refresher

65 kcal/270 kJ

100 g ganz reife Erdbeeren
1 kleines Stück Vanilleschote
0,1 l Buttermilch
kohlensäurehaltiges Mineralwasser
flüssiger Süßstoff

Die Erdbeeren mit einer Gabel ganz fein zerdrücken oder im Mixer pürieren. Dann etwas ausgekratztes Vanillemark sorgfältig unterrühren. In ein hohes Glas geben und die gut gekühlte Buttermilch dazugießen. Mit flüssigem Süßstoff abschmecken und mit dem Mineralwasser auffüllen.
Für 1 Person

Zitronensorbet-Prickler

45 kcal/190 kJ

1 Kugel Zitronensorbet (30 g, Tiefkühlprodukt)
frische Zitronenmelisse
kohlensäurehaltiges Mineralwasser

Das Zitronensorbet mit einigen Blättchen Zitronenmelisse in ein Cocktailglas geben. Dann mit eisgekühltem Mineralwasser auffüllen.
Für 1 Person

Karotten-Mix

60 kcal/250 kJ

0,1 l Karottensaft
1 EL Sahne-Dickmilch
Zitronensaft
Muskatnuß
Salz, Pfeffer
kohlensäurehaltiges Mineralwasser

Den Karottensaft mit der Dickmilch und etwas Zitronensaft in ein Longdrinkglas geben. Mit etwas frisch geriebener Muskatnuß und wenig Salz und Pfeffer würzen. Mit kaltem Mineralwasser auffüllen und gut umrühren.
Für 1 Person

Kefir-Kräuter-Drink

50 kcal/210 kJ

0,1 l fettarmer Kefir
1-2 EL feingehackte gemischte Kräuter (z.B. Kresse, Kerbel, Petersilie, Zitronenmelisse, Borretsch oder Basilikum)
Zitronensaft
Salz
frisch gemahlener schwarzer Pfeffer
kohlensäurehaltiges Mineralwasser

Den gut gekühlten Kefir mit einer Auswahl der Kräuter und ein paar Tropfen Zitronensaft in den Mixer geben und pürieren.
Mit wenig Salz und Pfeffer würzen. In ein Longdrinkglas gießen, mit eiskaltem Mineralwasser auffüllen und gut umrühren.
Für 1 Person

Kiwi-Orangen-Cooler

55 kcal/230 kJ

1 kleine, ganz reife Kiwi
4 EL ungesüßter Orangensaft
kohlensäurehaltiges Mineralwasser
flüssiger Süßstoff

Die Kiwi schälen, in grobe Stücke schneiden und mit einer Gabel ganz fein zerdrükken. In ein großes Glas geben und den Orangensaft hinzufügen. Mit eiskaltem Mineralwasser auffüllen und gut umrühren. Je nach Geschmack noch mit ein paar Tropfen Süßstoff süßen.
Für 1 Person
Siehe Foto Seite 80/81

Kiwi-Mint

**Pro Drink ca.
50 kcal/210 kJ**

4 Kiwis
1 Sträußchen glatte Minze
kohlensäurehaltiges Mineralwasser
2 Msp. Zimt

Die Kiwis schälen. 5 bis 6 Minzeblättchen abzupfen, waschen und fein schneiden. Das Fruchtfleisch mit dem Mixstab des Handrührgerätes fein pürieren. Durch ein feines Sieb passieren, die Minze dazugeben. Auf 4 hohe Kelche verteilen. Das Fruchtpüree mit Mineralwasser aufgießen, mit Minzeblättchen dekorieren und mit Zimt überpudern.
Ergibt 4 Drinks
Siehe Foto Seite 83

Rosa Radies

**Pro Drink ca.
50 kcal/210 kJ**

1 Bund Radieschen
400 ml Buttermilch
100 ml Rote-Bete-Saft
1 Msp. Kräutersalz
kohlensäurehaltiges Mineralwasser

Radieschen von Wurzelenden und Grün befreien, gründlich waschen. 4 zarte Spiralen für die Dekoration schneiden, beiseite legen. Dann die Radieschen mit der Buttermilch im Mixer sehr fein pürieren. Den Rote-Bete-Saft dazugießen, salzen und nochmals kurz pürieren.
Rosa Radieschenmilch auf 4 Gläser verteilen, mit gekühltem Mineralwasser aufgießen und mit je einer Radieschenspirale beziehungsweise einem dekorativ aufgeschnittenen Radieschen verzieren.
Ergibt 4 Drinks

Anisette

**Pro Drink ca.
30 kcal/130 kJ**

1 EL Anissamen
1/4 l kohlensäurearmes Mineralwasser
1 Prise Safran
1 EL Kleehonig
1 unbehandelte Orange
4 Eiswürfel
kohlensäurehaltiges Mineralwasser

Die Anissamen im Mörser zerstoßen und mit 1/4 Liter kohlensäurearmem Mineralwasser aufkochen, 10 Minuten ziehen lassen. Durch ein Sieb abgießen, das Safranpulver und den Honig darin auflösen und abkühlen lassen. Die Orangenschale mit einem Sparschäler spiralig abschälen, 4 Streifen zur Dekoration beiseite legen. Die restliche Schale aufbewahren. Die Orange halbieren, den Saft auspressen und in den Anissud geben.
Die Eiswürfel auf 4 Gläser verteilen, die Anis-Orangen-Mischung darübergießen und mit kohlensäurehaltigem Mineralwasser auffüllen. Mit den Spiralen dekorieren.
Ergibt 4 Drinks
Siehe Foto

Rhabarbergrütze

Pro Portion ca.
360 kcal/1510 kJ

3/8 l trockener Weißwein
200 g Zucker
Saft und Schale von
1 Zitrone
1/2 Zimtstange
1 kg Rhabarber
30 g Speisestärke
3 EL Himbeersirup
100 ml Sahne

Die Zitrone mit einem sehr scharfen Messer oder einem speziellen Schälmesser in einem Stück abschälen. Die Zitrone halbieren und auspressen. In den Weißwein den Zucker, den Zitronensaft und die Zitronenspirale sowie die halbe Zimtstange geben. Bei mittlerer Hitze langsam aufkochen.
Den Rhabarber schälen und in kleine Stücke schneiden. Kurz in dem Wein weich dünsten. Dabei sollte die Flüssigkeit gerade unter dem Siedepunkt gehalten werden. Danach den Rhababer mit einem Schaumlöffel herausnehmen, beiseite stellen.
Die Speisestärke mit dem Himbeersirup anrühren, damit den Wein eindicken und klarkochen. Den Rhabarber wieder zugeben, und die Grütze in Portionsschälchen füllen. Gut kühlen. Die Sahne steif schlagen und mit flüssigem Süßstoff süßen. Mit der Rhababergrütze servieren.
Für 4 Personen
Gesamtgarzeit:
ca. 15 Minuten
Siehe Foto

Mandarinencreme im Körbchen

Pro Stück ca.
310 kcal/1300 kJ

4 mittelgroße, unbehandelte Mandarinen

Für die Creme:
1/4 l Mandarinensaft
1 EL Zucker
1/2 Vanilleschote
3 Blatt weiße Gelatine
1/4 l Sahne
1 EL Zucker

Die unbehandelten Mandarinen gründlich mit heißem Wasser abbürsten und mit Küchenpapier trockenreiben. Mit einem sehr scharfen Messer etwa 2 Zentimeter tief links und rechts vom Blütenansatz einschneiden. Dann von den Außenseiten bis zum Schnitt einschneiden und die beiden Teile abheben. Mit einem Grapefruitmesser vorsichtig das Fruchtfleisch aus den Körbchen lösen.
Das Fruchtfleisch mit den Händen ausdrücken. Das ergibt etwa 1/4 Liter Saft. Den Saft mit dem Zucker und der ausgeschabten Vanilleschote in etwa 15 Minuten auf 1/8 Liter zu einer sirupartigen Flüssigkeit einkochen.
Die Gelatine in kaltes Wasser legen, 5 Minuten weichen lassen und am Herdrand lauwarm auflösen. Die Sahne mit dem Zucker sehr steif schlagen. In den ausgekühlten Sirup die lauwarme Gelatine einrühren und sehr schnell mit dem Schneebesen unter die Sahne rühren.
Die Mandarinencreme in einen Spritzbeutel mit Sterntülle löffeln und die Körbchen damit füllen. Etwa 1 Stunde im Kühlschrank festwerden lassen.
Ergibt 4 Körbchen
Gesamtgarzeit:
ca. 15 Minuten
Siehe Foto

Erdbeer-Joghurt-Torte

Pro Stück ca.
190 kcal/790 kJ

Für den Teig:
300 g Mehl
2 TL Backpulver
3 TL flüssiger Süßstoff
85 g weiche Margarine
1 Ei
1 Prise Salz
5 g Margarine für das Backblech

Für die Füllung:
6 Blatt Gelatine
300 ml Joghurt (1,5% Fett)
1/8 l durchgeseihter Orangensaft
1 EL abgeriebene Zitronenschale
2 TL flüssiger Süßstoff
250 g frische reife Erdbeeren oder ungezuckerte, tiefgefrorene Erdbeeren

Für den Teig Mehl und Backpulver in eine Schüssel sieben. Flüssigen Süßstoff, Margarine, Ei und Salz zugeben und mit dem Knethaken der Küchenmaschine oder Mixgerät rasch zu Streuseln verarbeiten. Ein Backblech mit Marga-

rine einfetten. Einen Springformrand (22 cm Durchmesser) ebenso einfetten und auf eine Hälfte des Backblechs setzen. Gut die Hälfte der Streusel in die Springform drücken, die andere Hälfte auf das Backblech streuen und auf der mittleren Einschubleiste bei 200 Grad C 20 Minuten backen. Nach dem Backen die Streusel vom Blech lösen und auf Papier legen. Den Kuchenboden aus der Form lösen und abkühlen lassen.
Für die Füllung die Gelatine in kaltem Wasser 10 Minuten weichen lassen, dann ausdrükken und bei sehr wenig Hitze flüssig werden lassen.
Den Joghurt mit Orangensaft, der Schale einer unbehandelten Zitrone und Süßstoff verrühren. Die aufgelöste lauwarme Gelatine noch unter den Joghurt rühren und im Kühlschrank leicht gelieren lassen.
Den Kuchenboden auf eine Tortenplatte legen und mit einem Tortenring umlegen. Die Erdbeeren halbieren und mit der Schnittfläche nach unten auf dem Kuchenboden verteilen. Die leicht gelierte Joghurtmasse kurz durchrühren und auf den Erdbeeren verteilen. Mit einem Teighörnchen glattstreichen und etwa 2 bis 2½ Stunden kühl stellen.
Zum Servieren den Tortenring abnehmen, die Torte in 12 Stücke teilen und mit den Streuseln bestreuen.
Ergibt 12 Stücke
Gesamtbackzeit:
ca. 20 Minuten
Siehe Foto

Hirsekuchen

Pro Portion ca.
284 kcal/1190 kJ

80 g Hirse
400 ml Milch (1,5% Fett)
½ Stange Vanille
1 Prise Salz
8 TL Butter
2 Eier
Süßstoff
abgeriebene Schale von
½ Zitrone
12 TL Kokosraspeln
1 Prise Salz

Hirse waschen und abtropfen lassen. Milch mit Vanillestange und Salz zum Kochen bringen. Hirse unter Rühren einstreuen und in etwa 25 Minuten bei niedrigster Temperatur ausquellen lassen. Den Hirsebrei zum Auskühlen beiseite stellen.
In der Zwischenzeit die Eier trennen. Die Butter schaumig rühren, nach und nach Eigelb unterrühren. Süßstoff und Zitronenschale zufügen und löffelweise den Hirsebrei unterziehen sowie 8 Teelöffel Kokosraspel.
Das Eiweiß mit einer Prise Salz schnittfest schlagen und vorsichtig unter die Hirsemasse heben. Eine Kuchenform oder eine Auflaufform mit Backtrennpapier auslegen und den Teig einfüllen, die Oberfläche glattstreichen. Mit den restlichen Kokosraspeln bestreuen.
Im vorgeheizten Backofen bei 175 bis 200 Grad C etwa 30 Minuten backen.
Für 4 Personen
Gesamtgarzeit: ca. 1 Stunde

Kartoffelkuchen

Pro Stück ca.
150 kcal/630 kJ

250 g vorwiegend festkochende Kartoffeln
50 g Rosinen
1 cl Rum
6 getrennte Eier
150 g Zucker
Schale von 1 unbehandelten Zitrone
1 Msp. Salz
1 gestr. TL Mehl für die Rosinen
80 g Mehl

Die Kartoffeln bürsten, waschen und weich kochen. Pellen und über Nacht zugedeckt stehen lassen. Am nächsten Tag fein reiben.
Die Rosinen in Rum einweichen.
Das Eigelb mit 50 g Zucker, Zitronenschale und Salz schaumig schlagen. Das Eiweiß steif schlagen und nach und nach den restlichen Zukker einrieseln lassen.
Die Rosinen auf einem Sieb abtropfen lassen. Danach mit dem Teelöffel Mehl mischen.
Unter die Eigelbmasse die geriebenen Kartoffeln rühren. Etwa 1/4 des Eischnees mit einem Kochlöffel ebenso unter die Eigelbmasse rühren. Den restlichen Schnee mit dem Mehl und den Rosinen vorsichtig unter die Eigelbmasse heben.
Den Backofen auf 180 Grad C vorheizen. Eine Springform von 24 Zentimetern Durchmesser ausbuttern und bröseln. Den Teig einfüllen und glattstreichen. Die Form auf die zweite Einschubleiste von unten stellen und 50 bis 55 Minuten backen. Stäbchenprobe machen. Nach dem Backen mit einem spitzen Messer den Rand lösen, abkühlen lassen. Dann aus der Form nehmen und auf einem Kuchenrost völlig erkalten lassen.
Ergibt 12 Stücke
Gesamtgarzeit:
ca. 1 1/4 Stunden
Siehe Foto

Waffeln mit Mokkaquark

Pro Waffel ca.
391 kcal/1630 kJ

Für den Teig:
4 TL Margarine
4 TL Zucker
Vanillearoma
80 g Mehl
2 Eier
100 g Magerquark
1 Msp. Backpulver

Für den Quark:
100 g Sahne
300 g Magerquark
4 TL Zucker
1/2 EL Instant-Kaffee
50 ml Portwein
1 TL Kakao zum Garnieren

Margarine, Zucker, Vanillearoma, Mehl, Eier, Magerquark und Backpulver zu einem glatten Teig verrühren. Ein Waffeleisen erhitzen und vier Waffeln aus dem Teig bakken.
Sahne steif schlagen, mit Magerquark und Zucker verrüh-

ren. Kaffeepulver in heißem Portwein auflösen, abgekühlt unter die Quarkmasse rühren. Auf den Waffeln verteilen und mit Kakaopulver bestreuen.
Ergibt 4 Waffeln
Gesamtbackzeit:
ca. 10 Minuten

Reistörtchen

Pro Törtchen ca.
246 kcal/1030 kJ

Für den Teig:
160 g Weizenmehl
1 TL Backpulver
Süßstoff (entsprechend 50 g Zucker)
1 EL Wasser
1 Eigelb
8 TL Margarine

Für den Belag:
1/2 l Milch (0,3% Fett)
1 Prise Salz
120 g Rundkornreis
3 Eier, getrennt
1 Eiweiß
Süßstoff (entsprechend 100 g Zucker)
Mark einer Vanilleschote
abgeriebene Schale von 1/2 Zitrone
4 TL Speisestärke

Mehl mit Backpulver mischen und auf eine Arbeitsfläche sieben. In die Mitte eine Vertiefung machen und das mit Wasser und Süßstoff vermischte Eigelb hineingeben. Mit einem Teil des Mehls vom Rand zu einem festen Teig verarbeiten. Margarine darauf verteilen und alles mit dem restlichen Mehl verkneten. Teig zum Ballen formen und kühl stellen.
Inzwischen den Belag herstellen. Dafür Milch mit Salz zum Kochen bringen, den gewaschenen Reis zufügen und bei ganz schwacher Hitze ausquellen lassen. Zum Abkühlen beiseite stellen. Eigelb leicht schaumig schlagen, zwei Drittel des Süßstoffs und Vanillemarks zugeben und alles so lange schlagen, bis eine cremige Masse entsteht. Zitronenschale und Speisestärke untermischen. Die 4 Eiweiß mit dem Rest Süßstoff steif schlagen. Nun den abgekühlten Reis unter die Eigelbmasse rühren, und zum Schluß den Eischnee unterheben.
Teig ausrollen und 8 Tortenförmchen damit auslegen. Dabei den Rand gut hochziehen. Teigboden 2- bis 3mal mit der Gabel einstechen, darauf die Reismasse verteilen und glattstreichen. Törtchen bei ca. 220 Grad C backen.
Ergibt 8 Törtchen
Gesamtgarzeit:
ca. 1 1/2 Stunden

Die in diesem Buch veröffentlichten Aufnahmen und Rezepte
wurden uns freundlicherweise von folgenden
Firmen zur Verfügung gestellt:
Titel:
Wiesenhof
Du darfst: S. 69, 77
KNORR/MAIZENA: S. 39, 41
Komplett-Büro GmbH/Neuseeland-Kiwi/
Eschenbach Porzellan/IDM/THOMY:
S. 11, 57, 63, 65, 79, 81, 83, 85;
Maggi-Kochstudio: S. 45, 47, 51, 53, 55, 75
Dr. Muth: S. 37, 59, 61
Bernhard Nimtsch: S. 9, 13, 15, 21, 29
Reis-fit: S. 67
Christian Teubner: S. 43, 49, 71, 73, 87, 89, 91, 93
Zefa: S. 7, 17, 19, 23, 31

Lizenzausgabe für Gondrom Verlag GmbH, Bindlach 1997

ISBN 3-8112-1512-4